IN DER STILLE DES HERZENS

RALF HANKE

In der Stille des Herzens

DAS LEBEN UMARMEN

Edition Herzwege

Umschlaggestaltung: Hauke Sturm Design, Berlin

Herstellung und Verlag: Books on Demand GmbH,
Norderstedt

ISBN 3-8334-3768-5

In Liebe für
Günter und Maria Hanke

INHALT

8   DANK

9   EINLEITUNG

11   WEITES HERZ, OFFENER GEIST

25   LIEBE, ANGST UND KLEINES ICH

43   HERZWEGE

59   HERZARBEIT

71   DENKEN, SPRECHEN, ERZÄHLEN

107   SPÜREN, BERÜHREN, VERKÖRPERN

125   LIEBEN, FÜHLEN, SICH BEZIEHEN

145   TUN UND NICHT-TUN

167   HERZQUALITÄTEN

197   KEIN WEG, NIEMAND GEHT

207   KONTAKT

DANK

Mein tiefster Dank gilt
Elke Nuchama Hanke,
Gefährtin und unermüdliche Lehrerin.
Ohne deine liebevolle Unterstützung wäre dieses Buch
nicht entstanden.

Dank auch an unsere Töchter
Luisa und Hannah-Marie.
Ihr lehrt mich, dass nur das taugt,
was im täglichen Leben wirkt.

Dank den Lehrerinnen und Lehrern, die bereit waren, damit
der Schüler auftauchen konnte. Dank denen, die mir halfen,
einen besseren Traum zu träumen und denen, die halfen,
daraus zu erwachen.

Dank an Anke Kuckuck, Susanne Karafiat und Agnes
Pfrogner für wertvolle Anregungen und klare Meinungen
beim Durchlesen des Manuskripts.

Und Dank an jeden einzelnen Menschen, dem ich in der
Praxis und den Seminaren begegnen durfte. Zu erleben, wie
in den Begegnungen das eine Sein sich selbst erfährt, ist
Wahrheit, Gnade und wundervolles Geschenk zugleich.

EINLEITUNG

Das Buch enthält Verdichtungen persönlicher Erfahrungen auf einem Weg, der buchstäblich ins Nichts führt. Sie wurden geschrieben aus einem Gefühl der Freude.

Gleichzeitig war mir beim Schreiben ein um das andere Mal bewusst, dass das Wesentliche der Erfahrungen immer wieder zwischen den Worten hindurchrinnt und sich ihnen entzieht. Etwas, das ausgesprochen wird, ist Vergangenheit und bereits nicht mehr wahr. Die Gegenwart ist unbeschreiblich. In vieler Hinsicht ist es ein paradoxes Unterfangen, mit dem wunderbaren und doch begrenzten Mittel der Sprache auf das Grenzenlose zu deuten, das jenseits der Welt des Denkens und der Worte nur im Herzen erfahrbar ist.

Glücklicherweise ist mit jedem Vorläufer dieser veröffentlichten Version etwas mehr von jenem verschwunden, der glaubt, auf etwas deuten zu müssen.

Es bleibt die Freude.

Die Fragen am Ende jedes Kapitels sind Anregungen, das Gegenwärtigsein zu vertiefen. Sie können auch dazu dienen, eine aktuelle Frage oder Angelegenheit aus einem neuen Blickwinkel zu betrachten.

Wer schreibt?

Wer liest diese Worte?

WEITES HERZ, OFFENER GEIST

OHNE ANFANG ...

In
der
zeitraumlosen
Gegenwart
des Herzens
erkennen
wir
unser
Wesen.

Nur hier   .
                - an keinem anderen Ort.

Nur jetzt
                - zu keiner anderen Zeit.

Wo bin ich?

DAS ESSENTIELLE HERZ

Das Herz ist ein Ort von dieser Welt
und gleichzeitig jenseits von Raum und Zeit.
In ihm vereinen sich Himmel und Erde,
das Unbegrenzte und das Begrenzte.
Hier erinnert das Unendliche das Endliche daran,
dass beide eins sind und ermutigt es, sich tiefer dem
Abenteuer des Lebens hinzugeben.

Das Herz wählt nicht zwischen oben oder unten,
innen oder außen, hell oder dunkel, links oder rechts,
hart oder weich, offen oder verschlossen, gut oder böse.

Es weiß nichts und lässt alle Kräfte und Mächte sein.
In der Reinheit des Herzens spiegeln sich die Masken der
Persönlichkeit, hinter denen wir uns verstecken, und die
Dämonen, vor denen wir uns fürchten solange, bis sich
schließlich ihre wahre Natur offenbart.

Das Herz wählt nicht, es hat keine Wahl.
Doch ist es der raumlose Ort, an dem wir zwischen Illusion
und Wahrheit wählen. Es ist der zeitlose Raum, in dem wir
der Liebe gewahr sind und die Angst umarmen.

Das achtsame Herz bietet allen Herzen eine Heimstatt: dem
offenen und dem gebrochenen, dem romantischen und dem
kriegerischen, dem verwüsteten und dem liebenden.

Selbst unbewegt, sieht es in allem, was ist, nur das eine
vollkommene Sein.

Kann ich in diesem Atemzug das Unendliche berühren?

STILLE DES HERZENS

Im Herzen des Nicht-Wählens,
im Herzen des Nicht-Wissens ist Stille.
Nicht Ruhe, sondern vollkommene Stille.

Wir kennen die Stille.
Sie ist unser Wesen.

Es sind besondere Momente in denen wir uns dessen
bewusst sind. Alles bewegt sich weiter, mag lärmen und
toben. Da sind Handlungen, Entscheidungen und Gespräche
– doch dahinter ist Stille.

Der Urgrund aller Bewegung ist selbst vollkommen still.

Vielleicht erreicht uns die Stille in der kurzen Pause,
die zwischen jedem Ein- und Ausatmen liegt?
Oder indem wir so bewusst und offen zuhören, bis jeder
Laut uns zu seiner Quelle führt?
Können wir uns mitten im Lärm der Welt auf die Stille
ausrichten?

Können wir dann hören, wie alles aus ihr hervortritt?

Ist es möglich, selbst das Hören loszulassen und nur Stille
zu sein?

Wo kommt dieses Geräusch her? Wohin geht es?

Kann ich jetzt die Stille hören, die dieses Geräusch umgibt?

Wie ist es, einfach nur nicht-wissend zu lauschen?
Ohne Erwartung, ohne Sinn, ohne Ergebnis?

Ist hier eine Antwort aus der Stille heraus möglich?
Oder eine Frage?

ANREGUNG: GEWAHR SEIN

In der Stille des Herzens - im Gewahrsein von dem, was ist
– enden jedes Bemühen und alle Angst.

Können wir jetzt einfach da sein, ohne Anstrengung, ohne
Plan, ohne Erwartung?
Können wir diesen Moment geschehen lassen, können wir
uns geschehen lassen?

Vielleicht sind da Gedanken, Gefühle und Empfindungen,
vielleicht geschieht ein Handeln, ein sich Begegnen,
vielleicht erfahren wir wunschlose Stille.
Alles ist gut, so wie es ist und darf geschehen.
Können wir damit einfach nur sein?

Ist es möglich, mit offenem Herzen die Gesamtheit dieses
Augenblicks wahrzunehmen, ohne ein Wollen oder Urteilen
daran zu binden?

Können wir auch zu der Angst in uns hinspüren, dem
Unbequemen, Ungeliebten? Wo in unserem Körper spüren
wir auf diese Frage eine Resonanz? Wo sitzt unsere Angst?
Wie genau nehmen wir sie wahr?

Darf alles, was ist, jetzt so sein, wie es ist?

Mehr als mit weitem Geist und offenem Herzen
die Gegenwart zu umarmen, ist nicht zu tun.
In dieser Umarmung liegt Erfüllung.

Kann ich mit diesem Atemzug im Nicht-Wissen verweilen?

*Ist es möglich, die Stille wahrzunehmen, in der sich alles
vollzieht?*

DER WEITE RAUM

Das Herz schließt nichts aus,
es urteilt nicht
und bietet dadurch
einen Raum für Annahme, Integration und Heilung.

Das gilt auch für Beziehungen, die wir zu anderen Wesen und Kräften unterhalten und vor allem für die Beziehung zu uns selbst und den vielen Stimmen in uns. Denn obwohl wir uns meist als einheitliche, in sich gefestigte Persönlichkeit wahrnehmen oder zumindest viel daran setzen, so zu erscheinen, sind wir eher ein ganzer Schwarm von oft widerstreitenden, verwirrenden Gedanken, Gefühlen, Ansichten, Bedürfnissen und Verhaltensmustern.

Auch solche Gedanken, Erinnerungen und Gefühle, die wir ganz aus dem Bewusstsein ausgeschlossen haben, weil wir sie zu einem früheren Zeitpunkt unerträglich fanden, erfahren im Herzen Würdigung und Heilung. Dann wird das, was wir lange verdrängt haben, zu einer Quelle der Kraft, statt weiter in seiner abgelehnten Form unerkannt in und gegen uns zu wüten.

Wann immer Selbstannahme, Vereinigung, die Versöhnung von Gegensätzen und die Integration des Ungeliebten sich vollziehen, geschieht dies im offenen, weiten Raum des Herzens. Alles findet dort seinen Platz und kann sich seiner wahren Natur gemäß entfalten. Was es braucht, ist Gegenwärtigkeit und die Bereitschaft, dem zu lauschen, was ist.

Können wir unsere Aufmerksamkeit erweitern und neben den Gedanken und Stimmen in unserem Verstand

16

auch die Stille wahrnehmen, in der sie aufsteigen und wieder vergehen?

Ist es möglich, uns im täglichen Leben weniger mit unseren persönlichen Mustern, Empfindungen, Erwartungen und Zweifeln zu identifizieren und stärker auf die Unendlichkeit ausrichten, der wir entstammen?

Können wir auch in Zeiten der Verwirrung und Begrenztheit ruhig in der Mitte des Herzens verweilen und vertrauensvoll warten, bis hinter aller Verwirrung das Unbegrenzte wieder durchscheint?

Es ist Teil der menschlichen Bestimmung, all die verschiedenen Anteile, die sich in unserem Bewusstsein zeigen, mit Achtung und Mitgefühl zu umarmen, ohne sie zu beurteilen oder abzulehnen. Dadurch finden wir zur uranfänglichen Ganzheit unseres Wesens zurück.

Mehr ist nicht zu tun:
Das, was jetzt ist, anzunehmen, ist genug.
Alles andere ergibt sich daraus.

Was geschieht gerade in mir?

Was nehme ich wahr, was genau spüre ich?

Wo in meinem Körper spüre ich es?

Sind Gefühle und Emotionen mit dieser Empfindung verbunden?

Was in mir will hier angenommen sein?

Kann ich das sanft berühren und umarmen, ohne davon vereinnahmt zu werden? Ohne es zu beurteilen oder zu analysieren?

17

ZWEI STIMMEN

Das,
was jetzt in unserem Bewusstsein
an Gedanken, Empfindungen, Gefühlen und Impulsen
aufsteigt, ohne Abwehr anzunehmen, ist genug.
Es ist nicht immer leicht, doch immer genug.
Es ist immer Liebe.

Durch das Gewahrwerden der vielen Stimmen in uns zeigt
sich, dass die Art, wie sie sich mitteilen, auf ihren Ursprung
hinweist.

Entweder sie sind ängstlich und verwirrt, fühlen
sich missverstanden und isoliert, kämpfen um das
Überleben und darum, recht zu haben, fühlen sich bedroht,
angegriffen oder verletzt und sprechen ständig über die
Vergangenheit oder die Zukunft: dann spricht die Angst zu
uns.

Oder in ihnen schwingen Freude, Mitgefühl,
Vertrauen und Frieden. Dann spricht die Liebe in uns.

Alles,
was wir in uns finden,
folgt der Stimme der Angst
oder der Stimme der Liebe.

Die Stimmen der Angst scheinen oft sehr mächtig zu sein.
So mächtig, dass wir vielleicht glauben, wir seien diese
Stimmen. Doch jedes Mal, wenn wir ihrer im Herzen
gewahr werden, verlieren sie ihre Macht und es bleibt das
Eine, was immer schon war: Liebe.

*Kann es sein, dass selbst meine tiefste Angst nur Liebe in
Verwirrung ist?*

UNTERREDUNG

„Wie spricht die Liebe in uns?"

„Der Prophet Elija, in tiefer Trauer und voller Angst,
sehnte sich danach, die Stimme Gottes, die Stimme der
Einheit zu hören. So trat er hinaus ins Freie.

Da kam ein gewaltiger Sturm, dann ein starkes Erdbeben
und schließlich ein loderndes Feuer. Doch Elija konnte Gott
in keinem davon erkennen.

Als das Feuer vorüber war, kam ein ganz leiser Hauch. Da
verhüllte Elija sein Gesicht mit dem Mantel und weinte vor
Entzücken.

So spricht die Liebe im Herzen zu uns."

*Ist es möglich, inmitten des Sturms den ewigen Hauch der
Liebe zu spüren? Jetzt?*

*Wind bewegt die Bäume. Ist da nicht das Zwitschern eines
Vogels zu hören?*

DIE KRAFT DES HERZENS

Das elektromagnetische Feld des physischen Herzens ist mehr als tausendmal stärker als das des Gehirns und jedes anderen Organs des Körpers.

Dabei ist das elektromagnetische Feld nur ein kleiner, schon heute messbarer, Teil eines viel größeren Feldes. In Wahrheit ist das Herzfeld die stärkste Energie auf diesem Planeten. Sie durchdringt alles und alles ruht in ihr.

Dasselbe kann man über die Liebe sagen.

Die Liebe spricht mit uns im Herzen und macht das Energiefeld eines Menschen, der sich dieser Kommunikation bewusst ist, strahlend und hell.

Die Angst erzeugt in unserem Verstand einen endlosen Lärm, um von der Einfachheit des Herzens und seiner Kraft abzulenken.

Doch in Wirklichkeit lebt nichts außerhalb der heilenden, liebenden Energie unseres Herzens und es dauert nur diesen Atemzug, sich mit ihr zu verbinden.

Kann ich mich durch diesen Atemzug mit der Wirklichkeit verbinden?

Gibt es eine Stimme in mir, die sagt, das sei zu einfach?

Was genau glaubt diese Stimme?

Woher kenne ich sie?

OHNE ANSTRENGUNG

Keinerlei Anstrengung ist notwendig,
um die Stimme des Herzens
zu hören.

Es geschieht unausweichlich,
sobald die Stimme der Angst
bewusst wahrgenommen wird.

Annahme der Angst öffnet
den weiten Raum des Herzens
- die einzige Wirklichkeit.

Mehr ist nicht zu tun.

Mehr kann nicht getan werden.

*Was rät mir in dieser Angelegenheit, die mich gerade sehr
beschäftigt, die Angst?*

*Kann ich diese Stimme wahrnehmen, ohne darüber zu
urteilen und sie verändern zu wollen?*

Was geschieht dadurch? Wie fühle und empfinde ich jetzt?

NAMENLOS

Die Angst flüchtet
sich in die Welt der Formen und Erscheinungen
und erfindet dort zehntausend Namen, Erklärungen und
Regeln.

Die Liebe führt zu dem Namenlosen,
dem Einen hinter allen Erscheinungen.

Jetzt, hier, in diesem kostbaren Moment.

Wir können es Einheit, Gott, Essenz, Tao, Leere, Stille,
Sein oder Quelle nennen,

doch im Grunde kann nichts gesagt werden.

Je näher wir dem Ursprung sind,
desto weniger wissen wir.
Nahe an der Quelle
gibt es weder Wissen
noch jemanden, der es mitteilen könnte.
Es bleibt die Liebe.

Ist da ein Gewahrsein der Stille hinter meinen Gedanken?

*Kann ich hier meine Konzepte, Erwartungen, ja, meine
Worte weglassen und nur mit dem Herzen schauen?*

Sind Stille und Gewahrsein verschieden?

ERLÄUTERUNGEN I

Liebe ist alles, was ist.

Lieben ist das Tun der Liebe.
Lieben bedeutet, alles zu umarmen, was ist.
Auch das, was vergessen hat, dass es Liebe ist.

Angst ist all das, was vergessen hat, das es Liebe ist.

Was ist jetzt?

Was bin ich?

Was geschieht?

LIEBE, ANGST UND KLEINES ICH

DIE ENTSTEHUNG DER ANGST

Unaufhörlich
spricht die Liebe in unserem Herzen zu uns.
Aus der Vollkommenheit des Seins
flüstert sie uns zu:
„Sei, was du bist. Sei du selbst."
Sie spricht in einfachen Worten.
Worte, die in jeder Zelle des Körpers widerhallen
und sich gut anfühlen.

Daneben gibt es eine Stimme der Angst
- meist laut und dröhnend - in unserem Verstand.

Die Stimme der Angst entsteht in Raum und Zeit - in jenem erhabenen, archaischen Moment, wenn neues Leben, neues Bewusstsein geboren wird.

Es gibt nur ein Sein – ungeteilt, unteilbar. Doch mit dem kleinen Körper, der unter Schmerzen zur Welt kommt, erfährt das Bewusstsein, das ihn erschaffen hat, die Verletzlichkeit der physischen Existenz. Es lernt, dass alles, was geboren wird, sich auf den Tod zu bewegt. Die Form, die aus der Leere entstanden ist, wird sich unweigerlich wieder in der Leere auflösen.

Unter dem Eindruck dieser Erfahrung erschrickt sich das Körperbewusstsein und zieht sich zusammen. Das Zusammenziehen schafft eine scheinbare Grenze zwischen dem Sein und dem sich mit dem Körper identifizierenden Bewusstsein.

Zunächst ist diese Grenze äußerst subtil. Je stärker sich der junge Körpergeist aber in Raum und Zeit hineinentwickelt, desto deutlicher wird das Gefühl der Trennung. Das zusammengezogene Bewusstsein erfährt sich schließlich als begrenzt auf den menschlichen Körper und vergisst sein eigentliches, unendliches Wesen.

Dieses Vergessen ist die Geburtsstunde der Angst: Jede Angst hat ihre Wurzel in der Erfahrung der

Endlichkeit des Körpers und entsteht, wenn die wahre Natur des Seins vergessen wird.

Die scheinbare Trennung
ist keine Tragödie, sie ist nicht real:
Unendlichkeit kann nicht mehr oder weniger werden,
sonst wäre sie nicht unendlich.
Trennung ist ein Trick des Seins,
den es benutzt, um sich selbst zu erforschen.

Es teilt sich gewissermaßen auf, und beide Teile spielen miteinander. Sie spielen, dass es ein unbegrenztes, unendliches Sein und ein getrenntes, endliches, an einen Körper gebundenes Sein gibt. Und dann schickt der eine Teil des Seins den anderen Teil, der natürlich auch es selbst ist, in ein fantastisches Land, in dem er die unglaublichsten Abenteuer erleben und so tun kann, als sei er jemand völlig anderes.

Es ist das Land von Raum und Zeit: das Universum mit dem Planeten Erde, auf dem es das Bewusstsein liebt, sich als Körper zu erfahren. Es ist vielleicht etwas rau hier und manchmal schmerzhaft, doch alles in allem der vollkommene Abenteuerspielplatz.

Die Trennung ist also keine Tragödie.
Die Tragödie beginnt,
wenn der kleine Teil vergisst,
dass er die Trennung nur spielt,
um sich selbst zu erfahren.

Und nach einigen Jahren, in denen das erdgebundene Bewusstsein immer tiefer vergessen hat, dass es Unendlichkeit jenseits von Raum und Zeit sind, die Erfahrungen in der irdischen Dimension sammelt, ist die Stimme der Angst sehr laut geworden.

Sie beherrscht das Bewusstsein fast unangefochten und macht es glauben, ihre Sichtweise des Getrenntseins und die damit verbundenen Erfahrungen von Leid,

Verlassenheit, Kampf und Sehnsucht sei die einzige Realität.

Dadurch kommt es, dass wir Liebe sind und uns gleichzeitig in den Illusionen der Angst verfangen.

Ist die Stimme der Liebe besser als die der Angst? Natürlich nicht: Aus der Sicht der Liebe hat es nie eine Trennung gegeben. Sie hat die ursprüngliche Einheit nie verlassen und kennt keine Trennung. Sie urteilt nicht über die Erfahrungen, die wir durch unsere Körperlichkeit machen. Niemals!

Liebe hat keine Vorlieben.
Sie umarmt jede Angst
als Teil der Gegenwart,
ohne jemals daran zu zweifeln,
dass nichts wirklich ist außer der Liebe.

Da sie außerhalb von Raum und Zeit existiert, ist sie sich der Vollkommenheit des Spiels bewusst, selbst, wenn sich die Angst ohnmächtig und in größter Verzweiflung windet.

Die Stille des Herzens lehrt uns,
dass es immer nur einen Atemzug dauert,
sich der Wahrheit zu erinnern.
Es ist das Herzgewahrsein,
in dem jede Angst sich wieder entgrenzt
und zurückfindet zur Einheit des Seins.

Welches Abenteuer erlebe ich auf diesem Planeten?

Fühle ich manchmal Angst? Wo in meinem Körper spüre ich sie? Was nehme ich da gerade jetzt wahr?

Bin ich meine Angst, oder bin ich die Stille, in der jede Angst auftaucht und auch wieder vergeht?

Kann es sein, dass der Sinn des Lebens einfach nur darin besteht, jetzt hier zu sein und das Spiel zu genießen: grüner Stift in einer Hand, Buchstaben werden zu Worten, Regen prasselt an die Fenster, Halsmuskel schmerzt, etwas Müdigkeit, Ausatmen, Loslassen, nicht mehr ... ?

REVOLUTION

Der Moment, indem wir beide Stimmen – die der Angst und die der Liebe – bewusst wahrnehmen, ändert für immer unser Leben.

Vielleicht geschieht im Außen noch gar nichts, vielleicht noch lange nicht, und doch hat in unserem Inneren eine Revolution stattgefunden.

Vorher leben wir in einer festgefügten Welt, in der es letztlich darum geht, zu überleben. Wir sind bemüht, zwischen verschiedenen Strategien diejenige zu wählen und zu verwirklichen, die am meisten Sicherheit und Anerkennung verspricht. Allerdings sind alle diese Strategien beschränkt und entpuppen sich, so gut sie auch manchmal klingen, am Ende doch immer nur als Stückwerk. In einen ständigen Kampf verstrickt und zunehmend desillusioniert, bleiben wir in der Welt der Angst gefangen.

Zwar ist da eine Sehnsucht nach mehr, wir spüren, dass dieser Kampf nicht alles ist, doch unser Sehnen bleibt innerhalb der Grenzen und Regeln der Angst und deswegen unerfüllt.

Die Stimme des Herzens wahrzunehmen, beendet den Kampf. Sie eröffnet uns nicht eine weitere Strategie des Überlebens, sondern erlaubt uns eine völlig neue Art der Wahrnehmung und des Seins. Sie lädt uns ein, zu erwachen und den Wahnsinn zu beenden, statt immer wieder mit den alten Strategien auf oft groteske und uns selbst verletzende Art und Weise dem Leben Widerstand zu leisten.

Etwa so, wie in der Geschichte von dem Mann, der am Ufer eines Sees kniet. Er hat den Kopf unter Wasser und kämpft um sein Leben. Kurz vor dem Ersticken hebt er ihn ganz kurz, und schnappt wie wild nach Luft. Dann taucht er wieder ein und setzt den Kampf fort. Eine Frau kommt vorbei und als der Mann das nächste Mal auftaucht, hält sie ihn freundlich, aber bestimmt fest. Er sieht sich um und wird sich der Schönheit der Landschaft, der Sonne, ja selbst des Sees bewusst. Dann sieht er auch die Frau und beginnt zu weinen. Warum hat er das getan? Er wusste es nicht besser. Jetzt kann er immer noch den Kopf in das Wasser tauchen, doch in der größeren Ganzheit, die er nun wahrnimmt, macht dieses Verhalten keinen Sinn.

Indem wir die Stimme der Liebe hören,
richten wir uns auf die Quelle dieser Liebe aus.
Das geschieht von selbst.

Sie zieht uns an und ermutigt uns, ihr immer tiefer zu vertrauen. Wo vorher Kampf und Verwirrung herrschten, lassen wir uns nun vom Herzen leiten. Und das Wunder geschieht! Je mehr wir unsere Überlebensstrategien aufgeben, desto mehr Leichtigkeit, Erfüllung, Spontaneität und Freude stellen sich ein.

Das, was wir brauchen,
findet uns und wir finden heraus,
dass alles, was ist,
genau das ist, was wir brauchen.

Sobald wir den Kampf beenden, geschieht das Richtige von selbst. Wir erfahren uns als getragen von einer größeren Kraft – seltsam unfassbar und doch untrennbar mit uns verbunden. Sie sorgt für uns und hält uns im Leben - nur sie, nicht unsere Bemühungen und Pläne.

Sich der Stimme des Herzen zu öffnen,
ist weder Trick noch Strategie.
Es ist ein kompromissloser Sprung in das Vertrauen
– ohne Netz und doppelten Boden.

Die Angst findet das bedrohlich und springt nie. Aus der
Sicht des Herzens gibt es keine andere Wahl.

*In welchen Bereichen des Lebens kämpfe ich, ohne je
Frieden zu finden?*

Welche der Stimmen in mir führen diesen Kampf?
*Wo in Raum und Zeit sind diese Stimmen und Anteile in mir
zum ersten Mal aufgetaucht?*

*Was erhoffen sie sich von dem Kampf? Was ist ihre innerste
Motivation? Um was geht es wirklich? Welche Erfahrung,
welches Gefühl wird durch diesen Kampf vermieden?*

*Wie wäre es, diese Hoffnung aufzugeben und darauf zu
vertrauen, dass es etwas Besseres gibt, als weiter zu
kämpfen?*

EINHEIT

Angst spaltet.
Sie schafft die Illusion des Getrenntseins.
Eine Illusion, die so stark werden kann,
dass der Schmerz, den sie verursacht,
fast unerträglich ist.

Die Liebe eint.
Im Herzen einen wir
die vielen verwundeten und verlorenen Stimmen in uns.

Das, was zersplittert ist, sammeln wir auf
und umgeben es mit Achtsamkeit und Mitgefühl,
bis es heimfindet.

Aus Achtsamkeit erwächst Liebe.
Liebe weist uns den Weg zur Quelle.

Die Quelle gewahrend,
erkennen wir das Unteilbare als unsere wahre Heimat.

Im Unteilbaren
verschwinden Erkennen und Erkennender,
Illusion und Wahrheit, Schmerz und Mitgefühl.
Es bleibt die Liebe.

Was in meinem Leben ruft nach Achtung und Mitgefühl?
Was habe ich ausgeschlossen? Wo erfahre ich Schmerz und
Verwirrung?

Kann das jetzt mit offenem Herzen angeschaut werden,
ohne es zu beurteilen oder zu verändern?

DIE GEBURT DES KLEINEN ICHS

Je stärker die Illusion der Getrenntheit wird,
desto mehr identifiziert sich unser Bewusstsein mit dem,
was es kennt: dem Körper.

Es versucht,
die angenehmen Empfindungen zu erhalten
und den unangenehmen auszuweichen.
Es badet
in den Gefühlen, die es sich erlaubt wahrzunehmen
und verdrängt die anderen so gut es kann.

Es sieht
sich als den alleinigen Urheber der Handlungen,
die durch diesen Körper geschehen und versucht
zu ignorieren, dass es oftmals keinerlei Kontrolle hat.

Doch
am meisten identifiziert sich unser Bewusstsein mit den
Gedanken, die der Körper scheinbar im Kopf produziert.
Das geht soweit, dass es annimmt, es sei diese Gedanken.
Und irgendwann
taucht in den Gedanken das magische Wort „ICH" auf:
„Das alles, die Gefühle, Empfindungen und Gedanken, die
Erfahrungen, Verhaltensmuster, Wünsche, Begierden und
Sehnsüchte, das alles bin ICH. ICH denke, also bin ICH."

ICH ist einfach ein Gedanke.
Nur das, nicht mehr.
Lediglich ein Gedanke.

Wie alle Gedanken taucht er im Bewusstsein auf. Doch
anders als viele Gedanken bleibt er irgendwie kleben. Er ist
kurz, einfach, überaus zäh und damit der erfolgreichste und
folgenreichste Gedanke in der menschlichen Geschichte.
Ansichten, Theorien, Philosophien, Überlebensstrategien
kommen und gehen, doch das ICH ist immer geblieben.
ICH heftet sich an jeden anderen Gedanken an und erweckt
dadurch den Eindruck, dass unsere Gedanken vom ICH
gedacht werden.

Doch ist das wirklich so?
Gibt es wirklich ein ICH, dass die Gedanken erst erzeugt?
Wo sitzt es?
Hat es vielleicht ein kleines Büro im Gehirn?
Wenn der Gedanke, dass unser kostbares ICH nur ein
Gedanke ist, unakzeptabel erscheint, was ist es dann?
Wem erscheint das unakzeptabel?
Und wenn ICH nur ein Gedanke ist, was bleibt dann noch
übrig von uns und unserem Leben?

Hat es sich erst einmal festgesetzt, weitet ICH seinen Wirkungsbereich rasch aus. Es lernt viel von den anderen ICHs, die es umgeben - seinen Eltern, Lehrern, Freunden und Feinden. Zusammen teilen sie den Glauben, dass jedes ICH unzweifelhaft real, schützenswert und eigentlich der Mittelpunkt der Welt ist. ICH strebt nach Kontrolle, Macht, Sicherheit und Anerkennung, doch selbst, wenn es das alles in seinen und in den Augen der anderen Ichs erreicht, bleibt es ein Gedanke, gebunden an Raum und Zeit: Letztlich hat es keine wirkliche Macht über das Leben, noch nicht einmal über den Körper, mit dem es sich so sehr identifiziert.

Das Ganze ist der Versuch der Angst, den Schmerz der scheinbaren Trennung vom Sein zu überwinden, indem sie die Getrenntheit zur alleinigen Wirklichkeit erklärt und sich darin Namen und Struktur gibt: ICH.

ICH gibt sein Bestes, um in seiner Welt der Verlassenheit und Isolation etwas Glück, Geborgenheit und Sinn zu finden. Doch trotz allen Bemühens bleiben Angst und Verwirrung die Basis seiner Existenz. So sehr es auch sucht und kämpft, es bleibt unglücklich, einsam und eigentlich immer eher ein kleines, ängstliches Ich, das sich hinter vielerlei, manchmal sehr imposant, niedlich oder bedrohlich aussehenden Masken versteckt.

Seine tiefste Sehnsucht nach Vereinigung, nach der ursprünglichen Einheit, erfüllt sich nicht. Es weiß nicht einmal, nach was es eigentlich sucht und dass Einheit nie verloren geht. Das könnte sich ihm unmittelbar offenbaren, wenn es seine Sicht der Getrenntheit und damit sich selbst aufgäbe. Doch ist ihm dies aus sich selbst heraus nicht möglich.

Für das kleine Ich
ist die Aufgabe seiner Sichtweise wie sterben.
Es hat keine Existenz außerhalb seiner Illusionen.

Werden diese in Frage gestellt, empfindet es deshalb Todesangst und wehrt sich mit allen Mitteln dagegen. Doch glücklicherweise ist das Leben unendlich kreativ darin, das kleine Ich samt seinen Überzeugungen immer wieder herauszufordern, bis unser Bewusstsein, spätestens im Tod, durchlässig für die Wahrheit wird, dass nie etwas wirklich bedroht war.

Ist „ICH" mehr als ein Gedanke?

Wo in meinem Körper ist ICH?

Muss das kleine Ich sich aufgeben?
Ist irgendetwas nicht genau so, wie es sein soll?

Wer sagt das? Wer könnte das wollen?

UNTERREDUNG

„Lieber Gott, mach mich fromm, dass ich in den Himmel komm", betet das kleine Ich.

„Der Himmel ist überall", spricht die leise Stimme Gottes im Herzen. „Es gibt nichts, das nicht Himmel ist. Die Erde ist Himmel, du bist Himmel und selbst die Hölle in dir ist Himmel. Der Himmel ist immer hier."

Wer trennt Himmel und Erde?

Was bringt sie wieder zusammen?

$$\approx$$

LEERE

Wenn wir nach dem kleinen Ich suchen, finden wir es nicht. Es hat keine Substanz, keine Dauer, die über einen Gedanken hinausgeht, keinen Ort, an dem man ihm begegnen kann. Es ist ein flüchtiger Nebelschleier, bestehend aus ein paar Gedanken und den Gefühlen, die sie hervorrufen.

Auf der Suche
nach dem kleinen Ich
finden wir Leere.

Und selbst wenn sich das kleine Ich hinter einer imposanten persönlichen Identität versteckt und sich damit in einer scheinbar festgefügten Welt bewegt, die es zu kontrollieren glaubt, fühlt es doch immer die Leere, die es zu verschlingen droht.

Das kleine Ich hasst Leere.
Deshalb klammert es sich an Formen
und versucht ihnen, und dadurch sich selbst,
Dauer zu verleihen.

Das Herz liebt die Leere
als Mutter und Zerstörerin aller Formen und Identitäten.

Im Wesen sind Leere, Herz, Ich und Form eins.

Was bin ich?

KEIN INNEN, KEIN AUSSEN

Das Herz umarmt alles, was ist.

Es weiß, dass das Gefühl des Getrenntseins eine Illusion ist, doch urteilt es nicht über das kleine Ich, das darauf besteht, sich als getrennt, endlich und verlassen zu erfahren.

Aus der Sicht des Herzens sind außen und innen, oben und unten eins. Obwohl wir im Innersten wissen, wie wahr dieser Zusammenhang ist, müssen wir uns seiner Radikalität immer wieder aufs Neue stellen. Dadurch wird es interessanter, das Innen zu erforschen als weiter zu versuchen, das scheinbar getrennte Außen zu manipulieren oder Erlösung darin zu suchen. Wir erkennen, dass der Schrecken, den wir erleben, ebenso seinen Ursprung in uns hat wie die Schönheit und lernen, beides zu umarmen und im Gleichgewicht zu halten. Und schließlich erfahren wir uns als Wesen voller Schöpferkraft.

Aus der Sicht des kleinen Ichs trifft genau das Gegenteil zu. Da es nur aus Gedanken und Vorstellungen besteht, kann es sich nicht nach innen wenden, ohne in der Stille sofort zu verschwinden. Also muss die Rettung im Außen liegen. Doch da das Außen unsicher ist, kann die einzige Strategie nur in Kampf, Kontrolle und Manipulation bestehen. Nur das, was Macht, Sicherheit und Schutz bietet, ist nützlich. Überleben ist alles. Jemand dort draußen muss Schuld an all dem Leiden sein, und irgendetwas dort draußen wird die Erlösung bringen. So glaubt es.

Innen und außen sind letztlich Kriterien des kleinen Ichs, das alles einteilt, klassifiziert und benennt, in der Hoffnung, sich dadurch sicherer zu fühlen. In seiner Welt der Trennung machen diese Unterscheidungen Sinn, doch wie wirken sie im wirklichen Leben? Verstärken sie nicht nur unsere Isolation und Einsamkeit, ohne den tiefen Schmerz in uns auch nur zu lindern?

Das Herz kennt keine Grenzen, kein Innen und kein Außen. Es ruht im unbegrenzten Sein – der einzigen Realität.

Welche Sichtweise nehme ich in dieser Angelegenheit ein?

Wie erschafft meine Sichtweise das Außen, welches ich wahrnehme?

Wen und was brauche ich, um hier die Sichtweise von Trennung und Schuld aufrechtzuerhalten?

Wie sieht meine Überlebensstrategie aus?

Von wem glaube ich angegriffen zu werden?
Ist das wirklich wahr?

UNTERREDUNG

„Was ist Realität?"

„Das, was nicht bedroht werden kann."

Fühle ich mich hier bedroht?

Wer ist das Ich, das sich bedroht fühlt?
Woher kommt es?

Was liegt darunter? Und darunter?

KEIN AUSWEG

Das Erleben von Getrenntheit und einem abgegrenzten, autonomen Ich, das alleine in der Welt wirkt, ist eine Illusion, eine Verdrehung der Wahrheit im Verstand.

Die Empfindung von Angst dagegen ist keine Illusion. Sie gehört zum Leben, wie alles zum Leben gehört, was ist.

Es gibt keine Möglichkeit,
der Angst zu entkommen oder sie loszuwerden.
Wir haben nur die Wahl,
daraus eine sehr begrenzte, schmerzhafte Sichtweise
der Realität zu entwickeln
und dadurch an die langsamen Schwingungen
der Angst gebunden zu bleiben
oder
über diese Sichtweise hinauszuwachsen
und uns den schnelleren, freudigeren Schwingungen
von Liebe und Freiheit zu öffnen.

Doch auch dann ist die Stimme der Angst gegenwärtig. Daran ist nichts verkehrt. Bevor sich das kleine Ich etabliert hat, war Angst lediglich ein Überlebensreflex, der dem Körper geholfen hat, mit gefährlichen Situationen umzugehen. Sie hilft uns, auf einen Baum zu klettern, wenn ein großes Tier hinter uns her ist, oder bringt uns ins Krankenhaus, wenn wir verletzt sind. Auf dieser Ebene ist Angst sinnvoll und notwendig.

Allerdings hat der Gedanke, dass unser Sein auf den Körper begrenzt ist - dass wir dieser Körper sind und mit ihm untergehen -, es der Angst erlaubt, unser ganzes Leben zu kontrollieren und uns ihre beschränkte Sichtweise unseres Wesens und seiner Bedürfnisse als objektive Wahrheit zu verkaufen.

Können wir deshalb jetzt damit beginnen, der Angst und ihrer Mechanismen gewahr zu werden?

Ist es möglich, ihr die Kontrolle über unser Bewusstsein wieder zu entwinden, indem wir sie unmittelbar spürend und fühlend annehmen, anstatt uns in

Angstgedanken zu verlieren?

Da jede Angst auf der Verletzlichkeit des Körpers beruht, wird sie jedes Mal kleiner und durchlässiger, wenn wir sie im Körper erfahren und uns durch sie hindurch dem größeren, unverletzlichen Sein öffnen, das wir in Wahrheit sind. Dazu braucht es nur die Fähigkeit, entspannt in den Bauch zu atmen und den Mut, wirklich wahrzunehmen, was wir gerade fühlen.

Einige bewusste Atemzüge und unsere ungeteilte Aufmerksamkeit werden jedes Gefühl, das wir üblicherweise verdrängen und ablehnen, in die heilende Gegenwart des Herzens bringen und dadurch unser Leben verändern.

Indem wir unsere Angst immer wieder annehmen,
wird ihre Stimme allmählich leiser,
während wir die Stille des Herzens deutlicher wahrnehmen.

Welches Gefühl, welcher unangenehme Gedanke, welche Angst kann hier willkommen geheißen werden?

Wer versucht, die Angst loszuwerden?
Wie?

HINWEIS

Es braucht Mut und Entschlossenheit, um aus dem Gefängnis des kleinen Ichs auszubrechen, oder es auch nur in Frage zu stellen.

Verantwortung für unsere Erfahrungen zu übernehmen, sich dem größeren Sein rückhaltlos hinzugeben, zentriert und gesammelt zu bleiben, sowie zu lieben, ohne Erwartungen daran zu knüpfen, sind dabei die größten Herausforderungen.

Die Gewohnheiten und Weltbilder des kleinen Ichs schützen uns hier nicht länger und wir fühlen uns oft alleine, nackt und hilflos. Wir lernen, uns in Demut vor dem Größeren zu beugen. Denn obwohl wir immer die Wahl haben, ob wir in Angst oder mit Liebe schauen, haben wir oft keine Wahl, auf was wir schauen. Wir lernen, dass Unabänderliche hinzunehmen und erfahren dadurch eine neue Freiheit.

Gleichzeitig fällt es immer schwerer, den aus der Angst geborenen Erwartungen und Ansprüchen des kleinen Ichs nachzukommen. Selbst, wenn es das ist, was die Menschen um uns herum von uns erwarten. Wir verlieren die Sicherheit des Kollektivs.

Auf Wegen des Herzens zu gehen
hat nichts mit süßlicher Romantik zu tun.
Jeder Schritt zählt und muss
mit der Aufgabe unserer Illusionen bezahlt werden.

Was bin ich wirklich bereit zu geben?

Und welche Veränderungen lasse ich zu?

ERLÄUTERUNGEN II

Die Angst vor dem Erlöschen, vor dem Nichts, ist der Grund dafür, dass wir uns unglücklich fühlen und ständig glauben, es müsste noch etwas geschehen, damit es uns endlich dauerhaft gut geht.
Angst ist an die dichteren Schwingungen gebunden, die wir Körper nennen.
Jede Angst entsteht ursprünglich auf einer organischen Basis.

Jede Angst hat einen Anfang und ein Ende. Sie ist endlich.

Das kleine Ich ist die besondere Art und Weise, in der sich die Angst in einem menschlichen Wesen organisiert. Es ist eine Zusammenballung von Glaubens- und Verhaltensmustern, Urteilen, Meinungen und Verteidigungsstrategien, die alle darum kreisen, die Grundangst der Vergänglichkeit entweder zu verdrängen, loszuwerden oder sonst wie zu überleben. Entstanden in Raum und Zeit, sieht es sich als Mittelpunkt der Schöpfung, doch es lebt nur in unserem Denken.

Herz bezeichnet das, was wir in Wahrheit sind: Gewahrsein - ohne Anfang und ohne Ende. Unendliches Gewahrsein.

Van Morrison singt, Kaffeegeruch, Spannung in einer Schulter, Wärme hinter dem Brustbein . . . ist da noch was? Ist da je mehr?

UNTERREDUNG

„Dass ich dieses Buch lese, beweist doch, dass ich existiere. Es gibt mich und ich versuche mein Bestes, um alles richtig zu machen, aufzuwachen und spirituell korrekt zu sein", begehrt das kleine Ich empört auf.

„Dass du dieses Buch liest, beweist nur, dass Illusionen lesen können", bleibt das Herz freundlich, aber unbeeindruckt.

Wer liest?

HERZWEGE

WER GEHT?

Alle Wege führen zum Herzen
–   früher oder später.

Solche die das Wunder
und die Schönheit
des Lebens feiern
und auch die anderen.

Kommt er seinem Ziel nahe,
löst sich jeder Weg auf.

Kein Weg,
kein Fuß, der ihn berührt,
kein Ziel,
nur Einverstandensein.

Wer geht?

Wer geht?

JÄGER UND BEUTE

Auf Wegen des Herzens begegnet uns die Liebe.
Nur das.
Eine Liebe, viele Formen.

Frisch und neu. Überwältigend.
Auch scheu und flüchtig.
Verwirrend, verwirrt, verschlungen, verloren – dunkel.

Sprudelnd, neugierig, zärtlich, unerbittlich, süß,
geschmeidig, unvorhersehbar.

Sie fällt uns an als größte, schmerzlichste Sehnsucht und ist tiefste Erfüllung.

Scheinbar unbeständig und Urgrund zugleich.

Leicht, strahlend – kein Hell, kein Dunkel.

Auf Wegen des Herzens sind wir Jäger und Beute der Liebe.

Auch auf Wegen der Angst begegnet uns letztlich die Liebe. Nur das.

Eine Liebe, viele Formen.

Wo ist die Liebe hier verborgen?

Welches Urteil, welche Grenze hält mich davon ab, hierin Liebe zu sehen?

KLEINE GESTE

Alle Strategien der Angst sind begrenzt und eng. Sie errichten Mauern aus Verwirrung, Getrenntheit und Identifikation, hinter denen unglückliche kleine Ichs wohnen und leiden.

Liebe führt zu dem raumlosen Raum hinter allen Mauern - zur Erfahrung unserer Essenz und zu mehr Liebe.

Liebe ist unbegrenzt und transzendiert alle Grenzen. Sie fließt in den kleinsten Spalt, den die Angst ihr lässt und öffnet ihn zu einem Durchgang zum Sein.

Ist hier eine kleine liebevolle Geste möglich? Welche?

ZWEI WEGE...

Das Sein offenbart sich unaufhörlich – gerade eben. Es ist, was erfahren, doch nicht benannt werden kann. Es transzendiert die Grenzen von Zeit und Raum und ist unser einziges Zuhause. Alles andere ist Illusion.

Innerhalb der Grenzen von Raum und Zeit mit ihren jeweiligen Umständen und Bedürfnissen stehen uns in jedem Moment des Lebens zwei Wege offen:

Der eine Weg führt zum Herzen.
Auf ihm erfahren und geben wir Liebe
und nehmen das Leben uneingeschränkt an.
Wir nähern uns der Quelle,
aus der alle Erscheinungen und Erfahrungen entspringen
und erleben, dass wir mit der Quelle eins sind.
Auf einem Weg des Herzens löst sich das Ich,
das ihn beschritten hat, auf
und auch der Weg in Zeit und Raum
verschwindet schließlich
in der Weite des Herzens.
Zurück bleibt uranfängliche Wahrheit.
In der Mitte des Herzens begegnet das Sein sich selbst.
Die Wege des Herzens führen uns in das Unbekannte:
Wir reisen mit leichtem Gepäck,
lassen den Glauben an Grenzen hinter uns
und vertrauen der Vollkommenheit des Augenblicks.

Der andere Weg führt uns scheinbar fort von unserem Herzen, so dass es uns immer kleiner, verschlossener und unerreichbarer vorkommt – wie ein Trugbild.

Auf diesem Weg folgen wir der Angst.
Wir kämpfen mit dem Leben und leugnen die Realität,
indem wir sie ignorieren, rationalisieren und manipulieren.
Wir identifizieren uns mit dem Denken und glauben,
wir seien Körper, Geist, Gefühle, Erfahrungen,

Einstellungen oder Funktionen.

Durch die Identifikation mit dem kleinen Ich erfahren wir uns als vom Sein getrennte Wesen, die in einer unsicheren, bedrohten und letztlich tödlichen Welt leben. Wir vergessen, dass das Denken die Illusion der Trennung und die Welt, die wir wahrnehmen, erst erschafft und erstarren in der Angst vor unserer Vergänglichkeit.

Denn alles,
was sich mit den Erscheinungen identifiziert,
glaubt sich vergänglich,
während alles,
was sich eins mit der Quelle weiß,
nicht bedroht werden kann.

Alle Wege der Angst verlaufen innerhalb dem ihr Bekannten, und erbittert verteidigt sie die Grenze zum Unbekannten, von dem sie glaubt, verschieden zu sein. Für das kleine Ich ist es am wichtigsten, diese Grenze aufrechtzuerhalten und zu verstärken. Natürlich! Denn ohne die Grenze gäbe es das kleine Ich nicht. Es ist die Grenze, die ihm Identität und Besonderheit verschafft, es dadurch jedoch auch von seiner Quelle trennt. Aller Schmerz, den das kleine Ich erleidet, entsteht deshalb alleine aus dem Verteidigen der Grenze.

Wege des Herzens,
Wege der Angst,
alle Wege sind notwendig.
Keiner darf fehlen.
Sonst gibt es keine Wahl.

Macht mich dieser Schritt durchlässiger und leichter?

Hilft er mir, dem Leben zu vertrauen und mich auf das Unbegrenzte auszurichten?

Bindet dieser Schritt mich stärker an das Bekannte? Wie
fühlt sich das an?

Dient diese Grenze, dieses Verhalten der Verteidigung des
Bekannten?
Hält sie ein Gefühl der Besonderheit und Identität
aufrecht?

Was kann je verloren gehen, was je versagen, wenn alles
das eine Sein ist?

... UND EINE WAHL

Das Herz weiß sich mit allem verbunden und schließt nichts
aus. Kein Wesen, keine Erfahrung, kein Gefühl, kein
Empfinden und auch keinen Gedanken. Es nimmt alles an,
so wie es ist.

Das Herz weiß,
dass der tiefste Grund von allem Liebe ist
und fürchtet nichts.
Mit jedem Herzschlag wählt es die Liebe.
Es ist Liebe.
Darin hat es keine Wahl.

Die Angst kennt nur sich und schließt alles aus, was sie
nicht kennt. Darin hat sie keine Wahl.

Daraus entsteht ein Paradox, das der Verstand
nicht lösen kann: Liebe und Angst sind ohne Wahl. Doch
wir erfahren das Sein immer wieder gemäß unserer
innersten Wahl: Entweder wir folgen jetzt der Stimme der
Liebe und finden Wahrheit oder wir folgen jetzt der Stimme
der Angst und verlieren uns in ihrer Illusion von
Getrenntheit.

Diese Wahl haben wir immer. Mit jedem Atemzug und jedem Schritt. Immer wieder. Jetzt.

In jedem Augenblick
richten wir uns
auf die Angst
oder
auf Liebe und Vertrauen aus
und
erfahren das, was wir wählen.

Nichts und niemand kann uns diese Wahl abnehmen, gleichgültig, ob wir uns ihrer bewusst sind, oder nicht. Das Maß, in dem sie uns bewusst ist – nicht die äußeren Umstände und Bedingtheiten - entscheidet über unsere Beziehung zum Leben und darüber, inwieweit wir uns darin geborgen und verbunden fühlen.

Die Wahl ist eine ständige Herausforderung. Einmal angenommen, wird sie ein Stachel im Fleisch, der uns daran hindert, erneut in der illusionären Welt des kleinen Ichs einzuschlafen.

Immer wieder können wir fragen: Was wähle ich hier? Welchen Weg beschreite ich mit diesem ersten Schritt?

In der Möglichkeit zwischen Wegen der Angst und Wegen der Liebe zu wählen, liegt ein unendliches Potential. Es reicht von der Erfahrung der tiefsten Einsamkeit und dem Gefühl, alleine und von allem getrennt dem Leben ausgeliefert zu sein, über Verzweiflung, Hoffnungslosigkeit, Teilnahmslosigkeit und Gleichgültigkeit bis hin zur größten Freude, der Fähigkeit, unter allen Umständen glücklich zu sein und der Erkenntnis und Verkörperung unseres wahren Wesens.

Diese Wahl haben wir immer.
Sie macht keine besseren Menschen aus uns

und keine schlechteren.
Nur wahrhaftigere – wenn wir die Wahrheit wählen.

Welche Wahl treffe ich in diesem Moment?

Wer wählt? Wer hat eine Wahl?

UND DOCH

In jedem Moment - immer wieder - haben wir eine Wahl.
Alles was wir brauchen, ist genug Kraft, um in unserem
Herzen gegenwärtig zu sein. Nur in der Gegenwart können
wir beide Stimmen - die der Liebe und die der Angst -
gleichzeitig hören.
      Das ist so, weil Liebe nur in der Gegenwart
existiert. Sie atmet Ewigkeit und kennt keine Zeit.

Was also wählen wir hier?
Worauf richten wir jetzt unsere Aufmerksamkeit?
Das ist die einzige Wahl, die immer bleibt.
Jetzt. Hier in diesem Atemzug.
Nur in ihr liegt Freiheit.
Nichts anderes ist von Bedeutung.

Wählen wir die Liebe, geben wir uns ihr damit hin.
In ihr lösen sich das eigene Wollen und Beharren auf.
Es bleibt das Eine, das uns leitet.

Für das kleine Ich ist das unvorstellbar. Und doch . . .

Auf was zielt meine tiefste Sehnsucht?
Ist es möglich diese Frage im Herzen zu bewegen, mit ihr
zu sein, ohne eine intellektuelle Antwort zu geben?

Was bleibt, wenn alle Vorstellungen und Ideen, wie das Leben zu sein hat, sich als Illusionen erweisen?

EINFACHE UNTERSCHEIDUNG

Die Stimme der Angst und die Stimme der Liebe auseinander zu halten ist einfach, sobald wir uns erst entschlossen haben, beide zu hören. Sie sind Antworten auf unterschiedliche Fragen.

Die Fragen der Angst lauten:
Wie kann ich überleben?
Wie diesen Angriff abwehren?
Wie mich sicher fühlen?
Was nützt es, was springt dabei heraus?
Passt es zu meinen sozialen Rollen, meinem Image, meinen Masken?
Macht mich das liebenswerter?
Wie kann ich Liebe bekommen?

Liebe strömt bei Fragen wie:
Wie kann ich jetzt Liebe geben?
Wie kann ich in diesem Moment Liebe und Schönheit sehen?
Welches Verhalten, welche Haltung verbindet mich tiefer mit der Wahrheit?
Vollziehen sich hier Annahme und Heilung?
Empfinde ich hierbei Freude?

Welche Frage stelle ich hier?

≈

UNTERREDUNG

„Was ist Liebe? Wie kann ich sie von der Angst unterscheiden? Wie sicher sein, was ich wähle?"

„Liebe ist das, was bleibt, wenn du deine Angst gefühlt und umarmt hast, ohne dich darin zu verwickeln."

Gibt es einen Bereich in meinem Körper, in dem ich Angst spüre? Was genau empfinde ich dort? Kann ich diese Empfindungen wahrnehmen, ohne darüber zu urteilen? Kann ich ihrer einfach atmend und spürend gewahr sein?

Jetzt?

Muss da noch etwas geschehen? Wirklich?

Was ist sich der Angst gewahr?

KEIN WIDERSTAND, KEIN KAMPF

Das kleine Ich liegt in ständigem Kampf mit dem Leben. Es leistet Widerstand, hadert mit seinem Schicksal und reibt sich auf. Doch da eine Illusion nicht in der Wirklichkeit bestehen kann, verliert es immerzu. Jeder Kampf vertieft lediglich die Wunde der Trennung.

Leben kämpft nicht, es ist. Es entfaltet sich gerade jetzt genauso, wie es sein soll – vollkommen und wunderbar. Alle scheinbar unvereinbaren Gegensätze, alle Verwirrung, alle Zweifel und Ungerechtigkeiten existieren ausschließlich im Denken des kleinen Ichs.

Der Weg des Herzens besteht darin, unseren Widerstand gegen das, was gerade ist, tiefer und bewusster zu spüren und die damit verbundenen Gedanken der Angst wahrzunehmen. Indem wir unseren Widerstand freundlich annehmen, löst er sich allmählich auf, und wir kehren aus der Dualität des Denkens in die Einheit des Lebens zurück.

Im Herzen erfahren wir,
dass wir immer nur uns selbst Widerstand leisten,
weil es nur ein Selbst gibt.
Aus dem Widerstand, nicht aus dem Leben,
entspringt unser Leiden.

Ist es hier möglich, lediglich wahrzunehmen, was ist, ohne mich zu verteidigen oder anzugreifen?

Welche Gedankenmuster und Glaubenssätze sind nötig, um diese Verwirrung, diesen Widerstand aufrecht zu erhalten?

VERGLEICHE

Auf Wegen des Herzens spüren wir,
dass jeder Weg einzigartig ist.
Das ist so, weil jeder von uns einzigartig ist.

Kein Weg kann wirklich bewertet oder mit einem anderen verglichen werden.

Wo das Herz jedoch kreative Einzigartigkeit, Schönheit und Bereicherung wahrnimmt, sieht die Angst nur Konkurrenz, die Möglichkeit, über andere zu triumphieren oder die Gefahr, von anderen herabgesetzt zu werden.

Allerdings verlieren wir jedes Mal Kraft und Intensität, wenn wir auf andere starren und uns mit ihnen vergleichen. Jeder Vergleich entspringt der Angst und dem

Schmerz darüber, nicht der eigenen Wahrheit zu folgen und so das Beste zu geben.

Auf Herzwegen erfahren wir, dass es auf unsere Einzigartigkeit ankommt, dass genug für alle da ist und dass wir nur auf unserem ureigensten Weg dem Einen begegnen, in dem sich alle Wege auflösen.

Folge ich hier meiner Wahrheit?

Wie fühlt es sich an, ohne Urteil, ohne Erwartung und ohne Vergleich auf diese Angelegenheit zu schauen?

Kann es sein, dass es nicht auf die Landschaft ankommt, durch die ein Weg führt, sondern auf die Intensität, Aufrichtigkeit und Neugierde, mit der er begangen wird?

DER FRIEDEN DES HERZENS

Das Herz ist unbewegt von Licht und Dunkelheit.

Angst ist wie ein kleines Kind, dass alleine in einem großen Raum gegen die Dunkelheit kämpft, indem es ein Streichholz hier und dort anzündet und verzweifelt versucht, Ordnung, Struktur und Sicherheit zu erlangen. Es weiß nicht, wie leicht es ist, Vorhänge beiseite zu ziehen. Es weiß nicht, wie köstlich es ist, in der Dunkelheit dem Namenlosen zu begegnen. Lassen wir es nicht länger alleine, helfen wir ihm. Jetzt.

Denn auf dem Grunde jeder Angst
finden wir Verwirrung,
die sich danach sehnt, erkannt
und im Herzen gehalten zu werden.

Mögen wir das nicht vergessen. Seien wir mitfühlend und begegnen freundlich dem, was sich selbst nicht begegnen kann.

Mögen wir das kleine Ich halten wie wir unser eigenes geliebtes Kind halten. Mögen wir den Mut und die Klarheit haben, ihm Grenzen zu setzen, ohne uns durch seine Grenzen beschränken zu lassen. Möge sich jede Angst in der liebevollen Weite des Herzens lösen.

Nur durch den machtvollen Frieden des Herzens
ist Heilung möglich.

Dagegen erwächst jeder Versuch, die Angst in irgendeiner Form zu bekämpfen, aus der Angst selbst. Er erlaubt ihr, sich ungeheuer wichtig zu fühlen und zum furchterregenden Monster und zum Monsterjäger gleichzeitig zu werden. Doch wenn sich der Kampflärm in unserem Bewusstsein gelegt hat, ist alles so schmerzlich und verwirrend wie es vorher auch war. Das Denken versucht sich selbst zu bekämpfen und vertieft das Gefühl der leidvollen Getrenntheit.

Haben wir jedoch genug Vertrauen und Kraft durch das Gehen auf Herzwegen erworben - und erst dann! – kommt der Moment, indem wir dem Monster ohne Furcht ins Auge schauen und es einladen, sich am Feuer des Herzens niederzulassen. Und der Monsterjäger wird ihm folgen. Wohin sollte er sonst gehen? Das ist der Moment ihrer gemeinsamen Transformation.

Wie kann ich hier Frieden erfahren?

Ist es möglich, diesen äußeren Kampf als Widerspiegelung der Verwirrung und Angst in meinem Inneren zu begreifen?

Worin liegt hier meine Verwirrung?

*Kann ich allen inneren und äußeren Parteien und Kräften,
die an diesem Kampf beteiligt sind Wertschätzung,
Mitgefühl, Achtung und Humor entgegen bringen? Was
geschieht dann?*

*Ist jetzt - mitten im Sturm - die Stille des Herzens
erfahrbar?*

FREUNDLICHE ERINNERUNG I

Nichts existiert außerhalb des einen Seins.

Angst,
kleines Ich,
die Illusion der Trennung,
die Welt von Raum und Zeit,
unsere persönliche Geschichte,
die Sehnsucht nach Erlösung von all dem,
die tausend Wege der Selbsterfahrung,
die Suche nach Auswegen,
all das gehört dazu.

Offenbar gehört es dazu, sonst wäre es nicht da. Das eine
Sein erfährt sich hier selbst in einer Weise, die ohne das
kleine, suchende, tapfer kämpfende Ich nicht möglich ist.

Warum ist das so?
Warum nicht?

Das Herz schließt nichts aus.
Es nimmt an, was ist und erkennt in allem immer wieder
das eine Sein, das mit sich selbst spielt.

Was bleibt, wenn der Gedanke verschwindet, irgendetwas

könnte und sollte anders sein, als es ist?

Kann die Anstrengung losgelassen werden, darüber nachzudenken?

Ist es möglich, die Antwort im Herzen zu erfahren?

UNTERREDUNG

„Wer ist da", fragt die Angst?

„Niemand. Staub im Angesicht des Einen . . .", antwortet das Herz.

„Was willst du?", fragt die Angst.

„Nichts. Ich bin."

„Wem dienst du?", fragt die Angst.

„Dem Namenlosen."

„Wer gehört zu dir?", fragt die Angst.

„Was gehört nicht zu mir?", antwortet das Herz.

Wer ist da?

Was will ich?

Wem diene ich?

≈

HERZARBEIT

ANREGUNG: DER ERSTE SCHRITT

Der erste Schritt
entscheidet über den Weg, auf dem wir gehen.
Es gibt immer nur den ersten Schritt.

Wo sind wir gerade mit unserer Aufmerksamkeit?
Wo und wie strömt unser Atem?
Welcher Gefühle, Empfindungen und Gedanken sind wir
uns jetzt bewusst?

Können wir nun unsere Aufmerksamkeit in den
Brustbereich verlagern . . . das Herz durch die Füße mit der
Erde und durch den Kopf mit dem Himmel verbinden?

Wie fühlt es sich an, aufrecht, geerdet und frei zwischen
Himmel und Erde zu stehen? Können wir uns achtsam
spürend ganz dieser Erfahrung hingeben?

Was geschieht, wenn wir nun mit jedem Einatmen Licht,
Essenz, Lebenskraft, heiligen Geist durch Kopf und Füße in
unser Herz ziehen?

Und wie ist es, diese Essenz vom Herzen aus mit jedem
Ausatmen in die Welt zu geben?

Vielleicht können wir uns mehrmals am Tage darauf
besinnen, zu denken, sprechen und handeln, während wir
dieses Herzgewahrsein aufrechterhalten.

Der längste, größte und schwerste Schritt auf jedem Weg
des Herzens ist 30 cm lang und führt vom Kopf zum
Herzen.

Wo bin ich gerade?

In welcher Haltung gehe ich durch das Leben?

ACHTSAMES SEIN

Die Wege des Herzens lehren uns Achtsamkeit.

Der Grad der Achtsamkeit, den wir im Alltag leben, drückt die Achtung aus, die wir uns selbst und allem Sein entgegenbringen.

Achtsam sein bedeutet, die Stille und Einfachheit des Herzens jetzt zu leben, auch in hektischen, herausfordernden Momenten. Da ist ein Verlangsamen, ein Entschleunigen, ein Ausrichten auf das Wesentliche, während das anstrengende Hetzen des kleinen Ichs sich beruhigt.

Diesen Augenblick zu achten, als ob es der erste und letzte, der einzige Augenblick ist, verwandelt unser Leben in ein heiliges Leben. Es ist eine fortwährende Übung darin, der Gegenwart Gottes in allem was ist gewahr zu sein.

Mehr braucht es nicht. Das Jetzt ist vollkommen und wenn wir achtsam darin verweilen, verschwinden die Schleier, die uns von dieser Vollkommenheit trennen. Achtsamkeit ist ein Zustand, in dem wir aufmerksam für das Endliche sind und dadurch das Unendliche erfahren.

Achtsamkeit verankert uns in der Gegenwart
und lehrt uns alles, was wir auf dem Weg wissen müssen.

Meist sehen wir Achtsamkeit zuerst als eine erlernbare Fähigkeit an und richten uns darauf aus, wie wir unsere Schuhe anziehen, duschen oder mit anderen Menschen in Beziehung treten. Allmählich dehnt sich diese Haltung der Achtsamkeit auf alle Ebenen aus und umfasst auch Traumzustände, Körpersymptome, Omen und allgemein feinstoffliche Energiebewegungen.

Schließlich wird aus dem Bemühen, unsere Achtsamkeit auf etwas auszurichten, ein ständiges Gewahrsein - ohne Anstrengung, ohne Ziel. Unser

Bewusstsein löst sich darin von seiner Identifikation mit den Stimmen des kleinen Ichs und erkennt sich als das Eine ohne Gegenteil, aus dem alles entsteht und das alles ist.

Achtsamkeit ist die innerste Haltung des Herzens. Durch sie verliert die Angst ihre Macht, denn wo nichts ist, außer der Achtsamkeit für den gegenwärtigen Moment, gibt es weder Geburt noch Tod. Es gibt nur das ewige Jetzt.

Wie berühren meine Füße den Boden? Welchen Duft bringt der Wind? Wie schmeckt dieser Apfel, diese Praline, diese Zigarette?

Was fühle ich gerade? Welcher Gedanke, welche Empfindung gehören zu diesem Gefühl?

DISZIPLIN DES HERZENS

Das Wort „Disziplin" hinterlässt bei vielen Menschen einen unangenehmen Beigeschmack.

Und tatsächlich: Wenn wir eine Disziplin aufrechterhalten, um bessere Menschen zu werden, stärker, erfolgreicher, beliebter, größer, dann ist sie anstrengend, langweilig und überflüssig. Diese Art von Disziplin entspringt dem irrigen Glauben, dass wir jetzt so wie wir sind, nicht gut genug sind. Sie zielt letztlich darauf ab, irgendwann in der Zukunft die Liebe zu finden, die wir uns heute aufgrund alter Erfahrungen und Vorstellungen vorenthalten.

Dagegen unterstützt eine Disziplin des Herzens darin, den Illusionen der Angst ihren Nährboden zu entziehen und die Beziehung zu unserer wahren Natur in den Mittelpunkt des Bewusstseins zu stellen. Wir bleiben achtsam und fortwährend auf die Unendlichkeit jenseits des Denkens ausgerichtet, während wir gleichzeitig die Mauern aus Gedanken, Vorstellungen und Meinungen einreißen, die uns von der Wirklichkeit fernhalten.

Und da die Illusion der Trennung
nur im Denken entsteht,
richtet sich die Disziplin des Herzens
zuerst und zuletzt auf die Gedanken.
Das bedeutet, keinen Gedanken anzunehmen,
welcher der Angst entspringt
und sich gegen unser unbegrenztes Sein richtet.

Um dazu fähig zu sein, müssen wir ausnahmslos alle Gedankenkonstrukte und Annahmen über uns selbst und das Leben in Frage stellen und auf ihre Wahrheit hin untersuchen. Alle, ausnahmslos: Ist das wirklich wahr? Ist es unzweifelhaft wahr? Bin ich da ganz sicher? Was verändert sich, wenn dies nur ein Gedanke ist und nicht die Wahrheit?

Im Herzen und nicht in der Angst zu denken, ist die härteste Herausforderung. Die lebenslange Gewohnheit, Angstgedanken für die Realität zu halten, ist so stark, dass es wirkliche Disziplin, Ausrichtung und Hingabe braucht, das Gefängnis, das wir dadurch um uns errichten, als bloße Illusion zu erkennen.

Eine Möglichkeit zu erfahren, ob ein Gedanke der Angst oder der Liebe entspringt, besteht darin, uns seiner Wirkung im Körper gewahr zu werden. Wir fragen uns dabei: Führt dieser Gedanke zu Öffnung, Weite, Stille, Freude, Lebendigkeit, zu einem gefühlten JA, oder folgen ihm Enge, Zusammenziehen, Starre und Angst?

Die Disziplin des Herzens
umfasst demnach auch das Spüren.
Jeder Gedanke, jedes Gefühl und jede Handlung spiegeln

sich unmittelbar im Körper und seinen Empfindungen.
Und im Gegensatz zu dem rastlosen Geist
verlässt der Körper nie die Gegenwart.
Herzspüren bedeutet,
die Weisheit des Körpers wiederzuentdecken,
ihr zu vertrauen und unmittelbar Raum zu geben,
und so Körper und Geist als untrennbare Einheit zu
erfahren.

Gedanken erzeugen Körperempfindungen, und
Empfindungen erweitern sich zu Gefühlen, die erfahren
sein wollen.

Die Disziplin des Herzens
macht uns deshalb Mut,
jedes Gefühl zu umarmen und anzunehmen,
wie schrecklich das dem kleinen Ich auch erscheinen mag.

Öffnen wir uns einem jetzt gegenwärtigen Gefühl, während
wir gleichzeitig mit der Unendlichkeit, in der alle Gedanken
und Gefühle erscheinen und vergehen, verbunden sind,
wachsen wir über dieses Gefühl hinaus. Es verliert seinen
Schrecken und wir gewinnen die Kraft zurück, die wir
durch die Anstrengung verbrauchen, es zu bekämpfen, zu
manipulieren oder zu verdrängen. Indem wir unsere
Gefühle annehmen, werden wir erwachsen und heilen die
alten Geschichten und scheinbaren Verletzungen, aus
denen das kleine Ich seine Daseinsberechtigung und seine
Lebensweisheit ableitet.

Empfindungen und Gefühle
sind das Wasser des Lebens
und der Treibstoff unseres Handelns.
Darum stellt die Disziplin des Herzens
uns immer wieder vor die Fragen:
Was fühlt sich hier gut und richtig an?
Was war hier mein erstes Gefühl?
Entspricht diese Handlung meiner innersten Wahrheit?

Gehe ich jetzt auf einem Weg des Herzens?

Durch die Kraft dieser Fragen werden unsere Handlungen nicht länger von den Ängsten und Bedürfnissen des kleinen Ich beeinflusst, sondern sind Ausdruck der Stille und Weisheit des Herzens.

Uns aus der Identifikation mit dem kleinen Ich und seiner Illusion der Getrenntheit zu lösen und der fundamentalen Einheit bewusst zu werden, geschieht in einem Augenblick. Keinerlei Anstrengung ist dazu nötig. Es ist so leicht, wie aus einem Traum zu erwachen und zu realisieren, dass es eben das war: ein Traum. Paradoxerweise verlangt es Leidenschaft, Anstrengung, großen Mut und Arbeit, überhaupt zu erkennen, dass wir träumen. Die Arbeit besteht darin, die Disziplin des Herzens im Denken, Spüren, Fühlen und Handeln aufrechtzuerhalten, bis wir nahe genug an die Oberfläche des Traumes kommen und die Illusion platzt.

Ist dieser Gedanke wirklich wahr?

Was bin ich bereit aufzugeben, um mich jetzt einer größeren Wahrheit zu öffnen?

Wer bin ich? Was ist sich meiner Gedanken, Empfindungen, Gefühle und Handlungen bewusst, ohne sie zu sein?

DER LEICHTE WEG

Die Angst verspricht unablässig die nahe, rettende Erlösung: Jetzt ist es schlecht, doch bald wird es besser. Nur noch diese kleine Anstrengung, diese Diät, dieses

Seminar, dieses Haus, diese Partnerin, diese Erleuchtung
. . . halte durch und schon bald wird alles gut sein und du
bekommst, was du dir schon immer gewünscht hast.

Alles Glück erscheint erreichbar und ist doch
immer auch gerade ein kleines Stück außerhalb unserer
Reichweite. Selten kosten wir von den Trauben, die über
unserem Mund hängen und wenn, dann oft nur um
festzustellen, dass die in Nachbars Garten viel süßer und
größer sind.

In diesen Gaukeleien des kleinen Ich zu verharren,
ist der leichte Weg. Er ist uns wohlbekannt, obwohl er
nirgendwo hinführt, nur tiefer hinein in die Illusion der
Getrenntheit.

Auf dem Herzweg verpflichten wir uns,
die illusionäre Existenz des kleinen Ichs
immer wieder achtsam zu hinterfragen,
statt ständig Probleme lösen zu wollen
und Erlösung im Außen zu suchen.
Das ist nicht leicht.

Das achtsame Hinterfragen verspricht keine sofortige
Erlösung oder Heilung und lässt auch keines unserer
Probleme verschwinden in dem Sinne, dass wir genau
dasselbe kleine Ich bleiben können und nur das Problem
sich wie ein Kaninchen im Zauberhut aufgelöst hat. Es ist
auch nicht in einem Selbsthilfebuch oder an einem
Wochenende zu lernen, und es gibt kaum Anerkennung,
Lob oder ein wachsendes Bankkonto dafür. Es gibt im
wahrsten Sinne des Wortes „nichts" dafür.

Allerdings hilft die Disziplin des Herzens uns
darin, des ruhelosen, angsterfüllten Geistes gewahr zu
werden, dem ausschließlich alle unsere Probleme, unsere
Verwirrung und unser Leiden entspringen. In dem Maße,
wie das Gewahrsein zunimmt, werden die Strukturen des
kleinen Ich und seiner Probleme transparenter und

flüchtiger, bis sie nicht länger den Blick auf das Wesentliche verstellen.

Nach welchen Trauben strecke ich mich gerade?

Was brauche ich noch, um endlich glücklich zu werden?

Bin ich da ganz sicher?

UNTERREDUNG

„Also gut. Dann hilf mir halt, mein wahres Ich zu werden", nörgelt müde und frustriert das kleine Ich.

„Keine Hilfe, kein wahres Ich, kein Tun, kein Nicht-Tun, kein Werden. Von allen Worten trifft es das Wort „Sein" am ehesten", orakelt das Herz.

Kann ich jetzt sein, statt morgen zu werden?

GEDULD

Aufmerksamkeit und Achtsamkeit aus der geschäftigen Welt des kleinen Ichs in das Herz zu verlagern, ist keine einmalige Angelegenheit. Eher gleicht es einem intensiven Training, durch das wir unsere Muskeln stärken, indem wir sie kontinuierlich beanspruchen.

Was für den wichtigsten Muskel des Körpers, das physische Herz, gilt, lässt sich auch auf seinen nicht-physischen Ursprung übertragen: das stille, weite Herz.

Immer wieder führt uns der erste Schritt heraus aus unserem Verstand und hinein in den weiten, offenen Raum des Herzens. Dort warten wir geduldig, bis sich der Lärm der vielen Stimmen legt und die darunter liegend Stille und Einheit sich offenbaren.

Können wir im Nicht-Tun, im Nicht-Wissen verharren?
Offen, lauschend und doch ohne Erwartungen?
Können wir uns tiefer dem gegenwärtigen Moment anvertrauen?
 Können wir den ganz leisen Hauch des Seins spüren, das uns zuflüstert: Das ist alles, was ist?

Aus den Illusionen und Träumen des kleinen Ichs in der Stille des Herzens zu erwachen, ist kein plötzliches, einmaliges Erlebnis, obwohl es manchmal wegen seiner überwältigenden Kraft so empfunden wird.

Ebenso wenig ist es etwas, das geschieht, indem das kleine Ich versucht, sich zu ändern, zu verbessern oder sonst wie zu quälen.

Kein Tun, keine Anstrengung ist notwendig, nur das Verlagern der Aufmerksamkeit hin zum Herzen: Erwachen ist ein Nebenprodukt des kontinuierlichen Prozesses, immer umfassender und urteilsfreier den gegenwärtigen Moment im Herzen zu gewahren.

Dabei gibt es nichts zu gewinnen oder zu erreichen, wir erkennen uns lediglich als das, was wir schon immer sind. Keine große Sache eigentlich. Und doch braucht sie Mut, Hingabe und Disziplin.

Einerseits kann nichts getan werden; andererseits üben wir uns in Gewahrsein und liebevoller, nicht zu entmutigender Geduld.

Einerseits geschieht Erwachen außerhalb von Raum und Zeit; andererseits brauchen wir Geduld, um den Widerstand gegen die Liebe in uns immer wieder zu umarmen, bis er allmählich schmilzt und das Leben wieder frei und befreiend strömt.

Einerseits kann niemand erwachen, da das, was wir in Wahrheit sind, niemals einschläft; andererseits gehört das Bemühen um das Erwachen zu dem Spiel, das das Sein mit sich selbst spielt.

Kann ich jetzt ausatmen und meine Achtsamkeit ins Herz verlagern?

Fehlt jetzt irgendetwas?

Wirklich? Wer sagt das?

≈

DENKEN, SPRECHEN, ERZÄHLEN

EWIGKEIT

Das Herz
ruht
in der Gegenwart Gottes.

Immer und ewig.
Braucht nichts, ist alles.

Die Angst
hetzt unaufhörlich
zwischen Vergangenheit und Zukunft,
zwischen ich und du

hin und her
und
sucht das Glück.

*Kann ich jetzt zur Stille und Einfachheit der Gegenwart
zurückkehren?*

Wer kehrt da heim?

ZWEIERLEI DENKEN

Das Denken des kleinen Ichs erschafft eine Welt bestehend
aus   Gegensätzen,   Widersprüchen,   Bedürftigkeit,
Unglücklichsein, Isolation und Kampf. Wir sind sehr mit
dieser Welt vertraut und halten sie meist für die Realität.

   Das Denken des Herzens offenbart die Lügen des
kleinen Ichs und zerstört Schicht für Schicht seine Welt.

Herzdenken bedeutet nicht,

einen neuen Gedanken zu entdecken.
Es bedeutet,
immer wieder alles wegzulassen,
von dem uns bewusst wird, dass wir es nicht sind,
bis wir auf das stoßen, was wir in Wahrheit schon immer
sind.

Der einzig dazu notwendige Schritt
-    heraus aus den Illusionen der Angst
und hinein in die Wahrheit des Herzens –
besteht darin, alles anzuzweifeln
und nichts von dem, was wir glauben, für wahr zu halten.

Für das kleine Ich ist dieser Schritt unmöglich und es geht
ihn auf keinen Fall freiwillig. Es kann ihn nicht gehen, ohne
sich dabei selbst in Frage zu stellen. Allerdings bekommen
wir manchmal einen kleinen Anstoß vom Leben, der uns
aus der Traumwelt Richtung Wirklichkeit stupst. Darin
liegt Gnade.

Worin bin ich mir unzweifelhaft sicher?

Was kann sich nicht ändern?

DIE VERTREIBUNG AUS DEM PARADIES . . .

. . . hat nie stattgefunden.
Das Herz hat das Paradies nie verlassen.
Es lebt im Herzen
und das Herz ist das Paradies.

Es ist das ursprüngliche Einssein,
das niemals endet,
weil es ohne Anfang ist.

Nur unsere Gedanken schaffen die Illusion von Vergangenheit und Zukunft, von der Trennung zwischen uns und allem anderen. Das größere Sein, das wir sind, der physische Körper, den es umhüllt, die damit verbundenen Empfindungen und Gefühle – all das schwingt immer nur im Jetzt.

Wir können nicht heimkehren,
nur entdecken,
dass wir niemals fort waren.

Welcher Gedanke der Trennung und Isolation wird durch diesen Schmerz, diese unerledigte Angelegenheit scheinbar gerechtfertigt?

Wie muss ich andere Menschen wahrnehmen, damit dieser Gedanke mir als wahr erscheint und ich die Trennung aufrechterhalten kann?

Ist es möglich, für ein paar Atemzüge ohne diesen Gedanken zu schauen?

DIE ACHSE DER ZEIT

Am 24. Tag nach der Zeugung eines Menschen beginnt das Herz zu schlagen. Schlag für Schlag hält es den physischen Körper im Leben. Nie schlägt es anders als nur gerade jetzt.

Leben ist jetzt.
Es gibt nichts anderes.
Wir können nicht woanders sein, als in diesem Moment.

Versuchen wir gestern zu leben . . .
Versuchen wir morgen zu leben . . .

Es geht nicht, allerdings gibt es keinen besseren Weg, unglücklich zu werden, als der Versuch, außerhalb der Gegenwart zu sein.

Leben ist jetzt.
Es kennt keine Zeit, nur ein Kontinuum des Jetzt.

Doch wer hat dann die Uhren erfunden?
Warum hetzen wir ständig der Zeit hinterher, betrauern die Vergangenheit und phantasieren in die Zukunft?
Immer auf der Flucht vor der Sinnlosigkeit unseres Bemühens und unterwegs zu neuen, scheinbar glücksverheißenderen Zielen?
Was macht uns glauben, alles sei besser, als diesen Augenblick – jetzt - in seiner Tiefe zu erfahren?

Es ist ähnlich wie in der Geschichte vom Igel und dem Hasen, in der beide Parteien ein Wettrennen vereinbaren, um herauszufinden, wer der Schnellere ist. Da die Igel listigerweise zu zweit sind, kann der Hase noch so schnell rennen, wann immer er sich am Ziel glaubt, ist schon ein Igel da und schickt ihn in eine neue Runde.

Der Hase ist der Verstand. Ungeheuer schnell und von sich überzeugt, kann er es doch nicht mit den Igeln, die für Vergangenheit und Zukunft stehen, aufnehmen. Durch ihre bloße Existenz besiegen sie ihn mühelos.

Der Verstand rennt von der Vergangenheit hin zur Zukunft und wieder zurück. In der Vergangenheit sucht er nach Erinnerungen, Schlussfolgerungen aus Erfahrungen und Schuldzuweisungen. Mit denen beladen rennt er in die Zukunft, wo er sie in Hoffnungen, Befürchtungen und Zweifel verwandelt, die ihn dann zwingen, wieder in die Vergangenheit zu spurten, um weitere Erklärungen, Argumente und Vergleichsmöglichkeiten zu finden.

So schnell der Verstand auch rennt, er kommt nie in der Realität an.

Dass wir uns mit dem schnellen, doch leider hoffnungslos überforderten Hasenverstand und seiner Hybris identifizieren, ist eine hartnäckige, schlechte Gewohnheit. Würden wir diese Identifikation nur für einen Moment unterbrechen, dann bräche die Illusion vom Denker und der unabhängig von ihm existierenden Zeit zusammen.

Das aussichtslose Rennen wäre zu Ende und würde einer umfassenderen Wahrheit Raum geben: Es gibt nur das Jetzt, in dem Gedanken aufsteigen und vergehen. Erst das aus dem Bedürfnis des kleinen Ichs nach Kontrolle und Kontinuität entstehende Denken an Vergangenes und Zukünftiges erschafft die Illusion der Zeit.

Doch Leben ist jetzt.

Es gibt nichts anderes.

Welche Geschichten und Erfahrungen aus der Vergangenheit kaut mein Verstand gerade wieder und welche Hoffnungen und Befürchtungen für die Zukunft leitet er daraus ab?

Was bin ich, wenn nicht der Denker?

Wer bin ich ohne Vergangenheit und ohne Zukunft?

UNTERREDUNG

„Dieser Augenblick ist perfekt. Ach, könnte es doch für immer so bleiben", wünscht sich das kleine Ich.

„Jeder Augenblick ist vollkommen, deswegen musst du an keinem festhalten", ergänzt das Herz.

Kann es sein, dass alle Wünsche und Gedanken die Gegenwart verpassen?

DIE ACHSE DES RAUMES

Es gibt eine weitere Achse, die zusammen mit der Achse der Zeit das Koordinatensystem bildet, indem sich das kleine Ich aufhält und das es beherrscht: Die Achse des Raums.

Das kleine Ich erfährt Raum als die Entfernung zwischen sich und irgendetwas anderem. Es braucht immer das Andere. Nur indem es sich abgrenzt, kann es seine scheinbare Wichtigkeit und Besonderheit aufrechterhalten, selbst wenn daraus die Isolation und Einsamkeit erwächst, an der es leidet. Dadurch entstehen zwei Pole: das kleine Ich hier und das Andere dort, sowie der Raum dazwischen.

Das Andere kann alles sein. Die Menschen um uns herum, die Gesellschaft mit ihren Institutionen, einzelne Bevölkerungsgruppen, andere intellektuelle, religiöse, gesellschaftliche oder sonstige Denksysteme, sogar der eigene Körper und natürlich das Wetter. Einfach alles. Es ist ganz egal, solange es nur ein Anderes gibt, von dem sich das kleine Ich absondern kann.

Doch der Preis, den das kleine Ich für seine Besonderheit und sein scheinbares Getrenntsein zahlt, ist Schmerz. Und statt sich der Ursache zuzuwenden, erfindet es Geschichten, die den Schmerz irgendwie erklären sollen. Die Geschichten, die es über sich erzählt, haben meist mit Selbstmitleid, Scham und Rechtfertigung zu tun. Die Geschichten, die es über das Andere erzählt, kreisen um Schuld, Erwartungen und Enttäuschungen.
Keine dieser Geschichten ist wahr, weil das kleine

Ich nicht wahr ist. Es sind nur Geschichten der Angst, die sich in ihnen verbirgt und durch sie ihre Weltsicht der Trennung immer weiter zementiert. Wären die Geschichten wahr, dann müssten wir sie nicht ständig wiederholen und uns dadurch zu erschöpfen.

Allerdings verliert jede Geschichte ihre Macht, wenn wir sie als Unterhaltung, als Seifenoper und nicht länger als monumentale Wahrheit betrachten.

Wo hat diese Geschichte ihren Ursprung?
Was soll sie bezwecken?
Wer ist es, der diese Geschichte erzählt?
Wer braucht sie?
Wem dient sie?
Wie kann ich mit dieser Geschichte spielen?
Wie Humor damit entwickeln?
Ist es möglich, die damit verbundenen Gefühle einfach zu fühlen, ohne weitere Gedanken und Geschichten daran zu hängen?
Was geschieht dann mit diesen Gefühlen?
Wie wäre es, diese Geschichte völlig fallen zulassen?
Wie fühlt sich das im Körper an?
Was geschieht, wenn ich die Kernaussagen einfach umdrehe und das Gegenteil genauso ernsthaft behaupte?
Wie fühlt sich das an?

Indem wir das Beharren aufgeben, ein kleines, getrenntes Ich zu sein, das je nach Tagesform auf andere angewiesen ist oder sie bekämpft, erkennen wir unsere wahre Natur. Wir sind nicht unsere Geschichten, sondern das Sein, das diese Geschichten hervorbringt.

In der Einheit des Seins
gibt es keine Entfernungen, keinerlei Trennung,
keinen Raum und keine Zeit.
Das, was schaut,
erkennt sich unmittelbar im Geschauten.

Welche Sehnsucht liegt in dieser Geschichte verborgen?

Kann ich jetzt das kleine Ich und das Andere dieser Geschichte gleichermaßen im Herzen annehmen?

DER SCHNITTPUNKT

Die beiden Achsen von Raum und Zeit
schneiden sich in einem Nullpunkt.
Dieser Punkt ist Alles und Nichts.
Selbst ohne Ausdehnung umfasst er Raum und Zeit.
Er hat tausend Namen und ist doch unnennbar.
Aus ihm entspringen alle Formen und Erscheinungen
und in ihm lösen sie sich wieder auf.
Er ist Gewahrsein.
Gewahrsein, dass sich seiner selbst gewahr ist.

Indem wir uns stärker auf diesen Punkt und weniger auf die Achsen „Vergangenheit - Zukunft, kleines ich - das Andere" ausrichten, vertieft sich unsere Beziehung mit dem Wesentlichen, mit der Essenz.

Die Angst flieht das Gewahrsein und versucht uns mit allen Mitteln zu einer der Achsen mit den dazugehörigen Gedanken und Geschichten hinzuziehen. Doch jedes Mal, wenn wir gewahr werden, dass wir uns mit einer der Achsen und ihren Polen identifizieren, löst sich die Identifikation auf und wir erkennen das Raumzeitlose als unsere wahre Heimat wieder.

Mehr ist nicht zu tun!
Zu erkennen, dass nichts wahr ist,
was Vergangenheit und Zukunft,
Anfang und Ende, ein Hier und ein Dort hat,
ist genug.

UNTERREDUNG

Wie würdest du dieses Problem lösen?"

„Ich kann keine Probleme lösen."

„Was kannst du dann?"

„Verhindern, dass das Denken aus der Gegenwart ein Problem macht."

Welche Stimme in mir erschafft hier das Problem? Wo in Raum und Zeit ist sie entstanden? Welche anderen Menschen waren damals beteiligt?

Wie halte ich dieses Problem am Leben? Was nützt es mir?

Kann es sein, dass alle Probleme ihre Ursache im Denken haben und es deshalb für alle Probleme nur eine Lösung gibt?

PROBLEME

Das kleine Ich glaubt, dass es noch jede Menge Probleme zu lösen gibt. Es fixiert unsere Aufmerksamkeit darauf und behauptet, dass unser Leiden endet, sobald dieses Problem gelöst ist.

    Das kleine Ich kann nicht sehen, dass es ohne das trennende und dadurch Kategorien wie gut und böse, richtig oder falsch, Licht und Dunkel erschaffende Denken weder Probleme noch Lösungen gibt. Es gibt nur einen Fluss des Lebens. Erst wenn ein Ich auftaucht und einen Umstand als Problem bezeichnet, sich damit identifiziert und daran leidet, beginnen Trennung und Kampf.

Jeder Versuch des kleinen Ichs, Probleme im Verstand zu lösen, erschafft deshalb neue Verwirrung und jede daraus resultierende Aktion ruft gleich starke Gegenkräfte auf den Plan. Wie Einstein sagte, kann kein Problem auf der Ebene gelöst werden, auf der es entsteht: Der Verstand bekämpft immer nur sich selbst und hält uns so gefangen. Er ist nie an einer wirklichen Lösung interessiert. Denn die einzige Lösung für jedes Problem besteht darin, gewahr zu sein, wie es im Verstand auftaucht und dort von dem Ich-Gedanken festgehalten wird. In dem Gewahrsein lösen sich sowohl das Problem als auch das kleine Ich auf.

Nicht die Probleme sind unser Problem,
sondern der angsterfüllte Geist,
der versucht, sie zu lösen.
Wir müssen deshalb nichts tun,
sondern nur das loslassen,
was auf ihrer Wahrnehmung besteht.

Letztlich besteht unsere Wahl also darin, mit dem Verstand als dem Erzeuger und Bekämpfer jeden Problems identifiziert zu bleiben, oder das Bewusstsein darüber hinaus auf die Ebene unseres Seins zu richten, die weder Probleme noch Lösungen kennt. Es ist genug, einfach nur zu sein und dem Leben zu vertrauen. Wir benötigen keine Probleme, um unsere Existenz zu rechtfertigen.

Alles ist bereits an seinem richtigen Platz.
Alles ist jetzt vollkommen, so wie es ist.

Jedes Problem entsteht im Denken und findet im Gewahrsein des Herzens seine Erlösung, wenn wir es zusammen mit seinem Urheber umarmen.

Wozu brauche ich dieses Problem? Wem dient es? Wer bin ich ohne dieses Problem?

Welche Qualität erhoffe ich mir von seiner Lösung? Welche tiefste Sehnsucht ist damit verbunden?

Kann ich das, was ich mir in der Zukunft von einer Lösung erhoffe, nicht schon jetzt sein?

FEHLERHAFTE NAVIGATION

„Wir haben herausgefunden, was mit Ihrem Auto los ist. Eine ganz ungewöhnliche Sache", meldet stolz der Meister der Reparaturwerkstatt.

„Und?"

„Aus unerklärlichen Gründen hat sich der Navigationscomputer selbständig gemacht. Statt weiterhin günstige Fahrtrouten vorzuschlagen und auf Hindernisse, Restaurants und Sehenswürdigkeiten hinzuweisen, hat er versucht, die ganze Bordelektronik Ihres Wagens zu übernehmen, obwohl er dafür natürlich in keiner Weise programmiert ist. Das hat zu den vielen Ausfällen und Pannen der letzten Zeit geführt. Scheinbar hat das Navigationsgerät angenommen, es sei das Auto und für alles zuständig. Es mag unglaublich klingen, doch haben wir Hinweise, dass der Computer am Ende sogar glaubte, er sei der Fahrer, also Sie. Ist das nicht einmalig? Er blinkte und blitzte erbittert, als wir ihn entfernten und bestand auf seinem Display darauf, mit Ihrem Namen angesprochen zu werden. Gott sei Dank war noch eine Garantie auf dem Gerät. Wir haben es gegen ein Neues ausgetauscht."

„Danke."

Hält der Verstand alles am Laufen?

Hält er mich am Leben und die Sterne oben am Firmament? Wirklich?

HENNE ODER EI, DENKER ODER DENKEN?

Das Wesen des Denkens ist trennend – es unterteilt in Vergangenheit und Zukunft, ich und du, Subjekt und Objekt, den Denker und das Denken, Gut und Böse. Dann setzt es das, was es scheinbar getrennt hat, wieder miteinander in Beziehung und behauptet, dass sich gegenseitig bedingt und voneinander abhängt, was in Wahrheit nur eins ist.

Gibt es beispielsweise wirklich einen Denker?
Oder tauchen die Gedanken einfach so im Bewusstsein auf?
Wo kommt dieser Gedanke her?
Ist da tatsächlich jemand, der ihn herbeiruft oder erfindet, jemand, der denkt?

„Natürlich ich!", empört sich jetzt das kleine Ich. Aber wenn wir achtsam unsere Gedanken gewahren, finden wir niemanden, der sie herstellt. Und auch das kleine Ich ist letztlich nur ein Gedanke, der „Ich habe das gedacht!" lautet und sich an andere Gedanken anhängt.

Kann es sein, dass „Ich" nur ein Gedanke bin?

Was umfasst das Denken, ohne Denken zu sein?

UNTERREDUNG

„Ich denke über das Gute und das Böse nach, das sich in der Welt ständig zeigt. Und darüber, warum es das Böse gibt", teilt das kleine Ich stolz mit.

„Alles ist gut. Auch das Böse ist gut. Kein Unterschied hier. Mit deiner Welt habe ich nichts zu tun, sie gehört dir alleine", strahlt das Herz zurück.

Wer trifft Unterscheidungen?

Wer braucht sie?

WORTE

Der Verstand ist ein wunderbares Werkzeug.

Erlauben wir allerdings der Angst ihn zu regieren, macht sie uns glauben, wir seien der Verstand und unsere Gedanken seien die Wirklichkeit.

Die Angst vermeidet es, sich fühlend, forschend und spürend auf die Gegenwart einzulassen. Stattdessen verstellt sie den Zugang zur unmittelbaren Erfahrung durch ein Konstrukt aus sich endlos wiederholenden Gedanken, Glaubenssätzen, Erinnerungen, Ratschlägen und Geschichten und nennt das Ganze „Ich". Das kleine Ich klammert sich an Worte und besteht darauf, sie als

Wirklichkeit anzusehen, während das wirkliche Leben uns schüttelt und rüttelt, um uns auf die Verwechslung aufmerksam zu machen.

Es ist so, als ob wir an einem strahlenden Sommertag auf einem Steg liegen und mit einem eleganten Kopfsprung in das wunderbare Wasser des Sees springen könnten. Stattdessen lesen wir in einem Buch, wie ein anderer beschreibt, dass er einst im Wasser geschwommen ist. Und dann beschließen wir zu glauben, dass das Lesen des Buches die eigentliche Erfahrung ist, die wir hier machen können. Wir vergessen den See, das Wasser, die Sonne und vertiefen uns ganz in die Beschreibung der Vergangenheit eines anderen Menschen. Manchmal schließen wir die Augen und stellen uns vor, wie es wohl wäre, wenn wir in der Zukunft einmal selbst schwimmen würden.

Wie oft vertrauen wir unserem ersten Herzensimpuls und folgen der Freude, uns spontan zu bewegen und auszudrücken? Wie oft nehmen wir unsere Gefühle und Empfindungen, unsere Symptome und Beziehungsschwierigkeiten tatsächlich als Weckrufe des Lebens wahr, das so versucht, uns aus unserer selbstgewählten Isolation zu befreien und die Wahrheit hinter unseren Illusionen zu erfahren? Wie oft verschanzen wir uns stattdessen noch tiefer hinter Worten und Erklärungen und tun alles, damit dem Leben nur ja keine Möglichkeit bleibt, sich in unsere festgefügten Erwartungen und Vorstellungen einzumischen.

Die gute Nachricht dabei ist, dass das Leben immer jede Vorstellung davon weit übertrifft. Die schlechte Nachricht?

Gegen das Leben zu kämpfen
und auf der Sichtwiese des kleinen Ich zu beharren,
ist ziemlich schmerzhaft.

Der ständige Strom von Gedanken ist uns so vertraut, dass wir ihn für unser Selbst halten. Wir glauben, all diese Gedanken und Worte zu sein und entsprechend glauben wir, dass die Wirklichkeit auch aus Gedanken und Worten besteht. Wir können ihnen nicht entkommen. Was vor tausenden von Jahren als revolutionäre Möglichkeit begonnen hat, um den Standort von Beutetieren, Höhlen oder Feuerstellen zu kommunizieren, ist zu einer Krake geworden, die fast alle Aspekte unseres Lebens umklammert und uns einredet, sie sei das Leben.

Wir teilen unsere Gedanken über die Wirklichkeit mit, statt uns der Wirklichkeit jetzt zu überlassen und dem Mysterium mit offenem Herzen, ohne festgelegte Erwartungen und mit Neugierde zu begegnen.

Die Macht der Angst
beruht auf Worten.

Die Macht des Herzens
erwächst aus der Stille.

Dort wo wir auf die Stille hinter den Worten lauschen, wo wir den Strom der Gedanken verlangsamen und der Unendlichkeit dahinter gewahr werden, treten wir ein in eine wahre Beziehung zur Wirklichkeit.

Das Tao te king drückt dies mit großer Eleganz und Schlichtheit aus: „Der Name der sich nennen lässt, ist nicht der ewige Name." Sobald wir eine Erfahrung benennen, ist sie nicht mehr die Erfahrung, sondern nur eine Erinnerung daran. Tausend Worte können den Geschmack eines Apfels nicht beschreiben, aber ein Biss macht jede Beschreibung überflüssig.

Es kann nicht oft genug betont werden: Das Denken ist ein großartiges, unersetzliches und einzigartiges Werkzeug. Doch es ist auch sehr begrenzt. Wenn wir es für das Selbst halten, verirren wir uns in einer Welt geschaffen aus Ängsten und Illusionen.

Gebrauche ich diese Worte aus Angst?

Werden sie von der Stille, von einer tieferen Achtsamkeit gewählt?

Inwieweit geben diese Worte die lebendige Erfahrung der Gegenwart wieder?

Was sonst?

DER NAME GOTTES

„Der Name der sich nennen lässt, ist nicht der ewige Name."

Aus diesem Grund können wir den Namen Gottes nicht wissen, geschweige denn aussprechen. Gott ist das absolute, schöpferische, unvorhersehbare, sich neu gebärende und ewig unwandelbare Sein.

Das begrenzte Denken kann das unbegrenzte Sein nicht erfassen, es kann nur demütig in ihm ruhen und den Versuch aufgeben, es zu erklären.

Es gibt nichts außerhalb Gottes, das über ihn sprechen könnte. Auch die Angst ist Gott, nur glaubt sie sich von ihm getrennt.

Die scheinbare Trennung bringt sie auf die Idee, nach Gott zu suchen. Aber jede Vorstellung die sie sich von dem Mysterium macht, verfehlt es. Kein Wort kann das Unbeschreibbare beschreiben.

Wir sind Gott, wir haben mit jeder Zelle und jedem

Augenblick an dem Mysterium teil, doch wir können es nicht erklären und verstehen. Können wir unseren Widerstand dagegen umarmen und das Mysterium jetzt leben?

Knarren des Rattanstuhls, saftiges Stück eines Apfels vermischt sich mit Speichel, Kauen, Herz schlägt, Bauchmuskeln angespannt, Atem vertieft sich . . . fehlt da noch etwas?

Wer fragt?

DER SUCHFISCH

Das kleine Ich glaubt sich von allem getrennt.

Die scheinbare Trennung bringt es auf die Idee, nach Gott zu suchen. Ausgerüstet mit seiner besten Waffe, dem an Worte und Vorstellungen gebundenen Denken, sucht es nach Gott als einer Möglichkeit, sich in der Zukunft besser zu fühlen.

Ein unmögliches Unterfangen: Das kleine Ich kann die Illusion der Trennung nicht überwinden, ohne sich selbst aufzugeben.

Inzwischen kommt das Herz vorbei und fragt: „Kennst du die Geschichte von dem kleinen Fisch, der sich aufmachte, das Wasser zu suchen?"

„Dumme Geschichte", brummt das kleine Ich und liest weiter in einem dicken Buch über „Geschichte und Theorie der Gottessuche in Vergangenheit und Zukunft".

Allerdings: Würde es nicht suchen, könnte es dann jemals gefunden werden? Im Suchen liegt Sehnsucht und jede Sehnsucht erlöst sich in der Liebe, die sie unweigerlich anzieht.

Kann es sein, dass alles, was ich wirklich suche und ersehne, dieser Moment ist?

UNTERREDUNG

„Du sollst alles haben, was ich besitze, wenn du mir zeigen kannst, wo Gott ist", sagt das kleine Ich.

„Zeige du mir, wo Gott nicht ist", erwidert das Herz.

Kann ich mich hier dem Gedanken öffnen, dass alles, was ist, notwendig ist? Kann ich allem einen Platz in meinem Herzen geben?

ERFAHRUNG

Das kleine Ich ist bemüht, alles zu verstehen. Durch Verstehen versucht es, der unmittelbaren Erfahrung eine Bedeutung zu geben, die in seine Vorstellungswelt passt.

Das Herz öffnet sich der Erfahrung,
kostet sie aus,
erfühlt sie
und hält sie mit offenen Händen,
bis sich die Liebe darin enthüllt.
Und in der Offenbarung der Liebe geschieht ein Verstehen jenseits des Verstandes.

Welche Bedeutung gebe ich dieser Erfahrung?

Kommt diese Bedeutung aus der Konditionierung des Verstandes oder aus dem Begreifen des Herzens?

Kann es sein, dass es keinen Sinn gibt, der über die Erfahrung dieses Moments in der Stille des Herzens hinausgeht?

PERSÖNLICHE GESCHICHTE

Das kleine Ich ist gefangen in seiner Angst, es leidet und ist unglücklich.

Es sucht zu überleben in einer Welt, der es isoliert und alleine gegenübersteht und die es als bedrohlich und überwältigend erfährt. Um den damit verbundenen Gefühlen zu begegnen, erzählt es sich Geschichten, die um seine Erinnerungen, Erfahrungen, sowie Hoffnungen kreisen und ihm Erklärungen und Rechtfertigungen für sein Unglück und Leid bieten.

Jede persönliche Geschichte beruht auf der Erfahrung der Verletzlichkeit und Endlichkeit unseres Körpers, ohne den es keine Persönlichkeit gäbe. Sie wird aus der verzerrten Sichtweise der Angst heraus erzählt und hat deshalb meist nicht viel damit zu tun, was tatsächlich geschehen ist und noch weniger damit, wer wir wirklich sind. Kann eine persönliche Geschichte wahr sein, die ohne Erinnerung an unsere wahre Natur erzählt wird?

Statt sie immer wieder zu erzählen, liegt Kraft und Heilung darin, die mit der Geschichte verbundenen Gefühle wirklich und bewusst im Herzen anzunehmen. Sie vollständig zu fühlen, bringt die Geschichte aus dem Verstand heraus und zurück in das körperliche Empfinden.

Das braucht keine Worte und Erklärungen und folglich verschwindet die Geschichte.

Indem wir fühlen und annehmen,
was jetzt ist – nur das -,
kehren wir aus der Vergangenheit
unserer Geschichte zurück
in die allein heilende und befreiende Gegenwart.

Im Licht der Gegenwart wird offenbar, dass der Schmerz in unserem Leben nicht aus den Ereignissen, scheinbaren Fakten und Mythen der persönlichen Geschichte herrührt, sondern ausschließlich aus deren Bewertung und Interpretation durch die Angst.

Welche persönliche Geschichte erzähle ich mir und anderen immer wieder?

Wie muss ich andere Menschen und die Welt wahrnehmen, um meine Geschichte aufrecht halten zu können?

Welche Gefühle und Körperempfindungen sind mit dieser Geschichte verbunden?

Kann ich sie einfach annehmen und fühlen, ohne Erwartungen damit zu verbinden?

Wer bin ich ohne diese Geschichte?

UNTERREDUNG

„Wenn ich von anderen Menschen mehr Liebe bekommen hätte, dann wäre ich heute ein besserer, erfolgreicherer, liebenswerterer Mensch und müsste nicht so leiden", jammert das kleine Ich mit Tränen in den Augen.

„Wenn du jetzt Liebe gibst, löst sich heute all dein Leid auf", lächelt das Herz.

Wie halte ich mich heute von der Liebe fern?

ANREGUNG: DEN MANTEL ABLEGEN

Können wir uns vorstellen, unsere persönliche Geschichte jetzt abzulegen, so wie einen Mantel? Er ist da, doch er macht nicht unser Wesen aus.
> Es ist nur eine Geschichte. Wir sind nicht das, von der sie erzählt. Wir müssen uns nicht länger so bewegen, so verhalten, so sein. Wir sind frei. Frei zu sein, was wir sind.

Wie fühlt es sich an, ohne die ständige Identifikation mit der Vergangenheit weiterzuleben?
Wie reagiert der Körper auf diese Vorstellung?
Welche Empfindungen und Gefühle tauchen auf?
Wie ändern sich die Beziehungen zu anderen Menschen?

Was geschieht, wenn wir uns nun vorstellen, unsere Geschichte nimmt immer stärker von uns Besitz? Jedes Mal, wenn wir sie uns oder anderen erzählen, um uns oder unsere Handlungen zu rechtfertigen, geben wir ihr so mehr Energie. Sie bekommt mehr Wichtigkeit und legt sich fester und enger um unser Herz und unser Leben. Wir müssten immer genauso sein und die Rolle spielen, die unsere deine Geschichte uns vorschreibt, bis wir selbst und alle anderen uns nur als diese Rolle ansehen und erfahren.

Wie fühlt sich das an?
Wie verändert sich das Körperempfinden?

Kann diese Angelegenheiten mit neuen Augen und einem offenen Geist betrachtet werden?

RADIKALITÄT DES HERZENS

Geklammert an seine persönliche Geschichte kämpft das kleine Ich gegen den Abgrund, der am Ende beide verschlucken wird. Endlos kaut es seine Vergangenheit, seine Hoffnungen, Befürchtungen, Wünsche, Illusionen und Verletzungen wieder. Es vergleicht und beurteilt, hadert mit seinen Lebensumständen, seinem Aussehen, seinen Beziehungen und sucht nach dem Ausweg, der Erlösung.

Das Herz klammert sich an nichts
und umarmt alles.
Es braucht nichts und weist nichts ab.
Nur das Herz weiß, dass wir gut sind
 - ganz und gar und ohne Gegenteil gut.
Wir haben jetzt alles, was wir brauchen
und sind da, wo wir sein müssen.
Keine Geschichte kann daran etwas ändern,
keine Geschichte ist wahrer als das Leben,
als das, was ist.

Das, was wir sind, kann nicht geändert oder verbessert werden. Etwas am kleinen Ich zu ändern, verstärkt nur seine Illusion der eigenen Wichtigkeit.

Kann ich jetzt diese Geschichte aufgeben und zur Wahrheit zurückkehren?

≈

IDENTITÄTEN

Das Leben ist mysteriös,
unendlich und letztlich
außerhalb jeder Kontrolle
durch das kleine Ich.
Zum Glück.

Das kleine Ich versucht das Unbegreifliche zu erklären und sicher zu machen, indem es Geschichten erzählt, Grenzen absteckt und Identitäten erfindet, die ihm ein Gefühl von Solidität und Bedeutung geben. Es hält vehement an ihnen fest, auch an solchen, die sehr schmerzhaft sind. Lieber erduldet es Schmerzen, als sich im Angesicht des Unermesslichen zu verlieren.

Mann, Frau, Kind, Mutter, Vater, Königin, Bettler, Heilerin, Kranker, stark oder schwach, Narr und Weiser, Verlierer und Gewinner, Verlassene oder Verlassende Unterdrücker und Unterdrückter, jung, alt, dick oder dünn, reich und arm . . . alles sind Identitäten, und jede dient der Angst, solange wir sie nicht bewusst als Rollen und Masken wahrnehmen.

Die Angst glaubt zu sterben, wenn sich eine Identität oder unsere Identifikation damit auflöst, da jede Veränderung, jedes Ende sie an den Tod – das Ende aller Angst – erinnert. Und sie hat Recht.

Je durchlässiger unsere Identität wird
und den Blick auf die Unendlichkeit dahinter freigibt,
desto weniger Angst haben wir.
Angst kann sich nicht länger anklammern,
weil niemand – keine Identität – mehr da ist.

Es ist unterhaltsam und nicht zu vermeiden, dass wir in der Beziehung zu anderen Menschen unsere verschiedenen Identitäten einsetzen. Allerdings macht es einen

Unterschied, ob wir dies bewusst und spielerisch tun, oder in dem Glauben, unsere jeweilige Rolle habe etwas mit der Wirklichkeit zu tun.

Auf Wegen der Angst
verstecken wir uns hinter den Rollen, die wir spielen
– und verlieren alles.

Auf Wegen des Herzens
begegnen wir rückhaltlos und verletzlich
dem Unermesslichen
– und gewinnen das Nichts.

Welche Identitäten brauche ich unbedingt? Welche sind mir so lieb und teuer, dass ich nicht auf sie verzichten will?

Kann ich etwas spielerischer damit umgehen, sie mit Humor betrachten und flexibler gestalten?

Was bleibt, wenn alle Identifikationen abgelegt sind?

Wer legt sie ab?

SPRECHEN

Das kleine Ich plappert pausenlos,
selbst in unseren Träumen.
Es existiert nur durch diesen inneren Dialog,
den es in unserem Geist aufrechterhält.
Ohne diesen Dialog verschwindet es
und mit ihm die Angst.

Von den Tausenden von Gedanken, die jeden Tag durch unser Bewusstsein ziehen, haben nur einige mit praktischen

Belangen zu tun. Die allermeisten Gedanken sind Geplapper und haben keinen anderen Sinn, als unser Bewusstsein im Verstand zu fixieren und die Illusion des kleinen Ich aufrecht zu erhalten.

Solche Gedanken auszusprechen, macht es nicht besser, es kostet nur Energie. Energie, die uns fehlt, um den inneren Dialog bewusst wahrzunehmen und uns dadurch aus den Fesseln des kleinen Ichs zu befreien.

Daher ist es ein kraftvoller Schritt, Verantwortung für das Jetzt zu übernehmen und uns bewusst zu machen, wann wir plappern und wann nicht.

Wir erfahren dann: Das Geplapper der Angst schwächt unsere Beziehung zur Essenz, Worte des Herzens heilen sie.

Was will hier wirklich und wahrhaftig gesagt werden?

Von wem?

ANREGUNG: AUS DEM HERZEN SPRECHEN

Können wir innehalten und nur spüren, wie der Atem kommt und geht?
Ist es möglich, sich jetzt auf das physische Herz einzustimmen und seinem lebendigen Pulsieren zu lauschen?

Je offener und müheloser das Lauschen ist, desto leichter treten wir in Beziehung zu dem essentiellen Herzen – der zeitraumlosen Gegenwart, der alles entspringt.

Können wir diese Beziehung zum Wesentlichen aufrechterhalten, während wir mit anderen Menschen kommunizieren?

Was immer der Inhalt des Gespräches ist, können wir während des Sprechens und Zuhörens mit der Aufmerksamkeit im Herzen verankert zu bleiben?

Die beharrliche Ausrichtung ist hier das Entscheidende. Sie verlangsamt den Gedankenstrom und befreit die Kommunikation vom Unwesentlichen. Die Gedanken, die jetzt gerade stimmig, authentisch und angebracht sind, bleiben in größerer Deutlichkeit stehen, während viele der Plappergedanken einfach wegfallen.

Die herzzentrierte Art des Sprechens schafft einen Raum, in dem Vertrauen, Intimität der Begegnung und wirklicher Austausch möglich werden.

Kommen diese Worte aus dem Herzen?

ANREGUNG: NICHT VERTEIDIGEN

Das „aus dem Herzen sprechen" entfaltet seine ganze Wirkung gerade dann, wenn wir uns von einem anderen Menschen verletzt und missverstanden fühlen.

Ist es möglich, statt ein Muster von Verteidigung, Flucht oder Angriff auszuagieren, uns die Zeit zu nehmen, um unsere verletzten Gefühle wirklich zuzulassen und im Herzen zu umarmen?

Das anzunehmen, was gerade ist, führt uns zurück zu der unangreifbaren, essentiellen Ganzheit hinter der Verletzung. Wenn wir dann sprechen und handeln, geschieht dies aus der Ganzheit, nicht aus dem verletzten

Teil des kleinen Ichs heraus. Es geschieht ohne Anklage, Rechtfertigung, Schuldzuweisung und Analyse.

In einer Haltung des Herzens
- aus der Erfahrung der Einheit -
heraus zu sprechen, bedeutet,
dass keine Verteidigung notwendig ist,
weil niemand da ist, der angegriffen werden kann.

Kann ich hier meine Gefühle und Empfindungen als meine Angelegenheit annehmen und zu kommunizieren, ohne dem anderen Schuld und Verantwortung dafür zu geben?

ANREGUNG: MEIN WORT IST GESETZ

Was geschieht, wenn wir uns innerlich verpflichten, einen Tag lang unter allen Umständen unseren Worten und Versprechen gemäß zu handeln?

Das bedeutet, das gesprochene Wort als heilig zu begreifen und jedes unsere Worte mit Würde und Macht auszustatten Also: Wenn wir es versprechen, dann fressen wir auch einen Besen. Wenn wir um 18 Uhr eine Verabredung haben, dann sind wir da.

Diese Verpflichtung reduziert das Geplapper und bewirkt darüber hinaus zweierlei: Entweder wir werden uns der gesprochenen Worte bewusst und gewinnen an Kraft, Selbstwert und Integrität, weil wir tun, was wir sagen. Oder wir brechen die Verpflichtung und werden uns der unglaublichen Macht bewusst, die das Geplapper über uns ausübt. Beides ist gut.

Es geht bei dieser Übung nicht darum, perfekt zu sein, sondern das Beste zu geben.

Kann ich diese Verpflichtung einen weiteren Tag eingehen?

HÖREN

Das kleine Ich hört, was es hören will.

Gefangen in seinen Vorstellungen und Erwartungen, ist es ständig schon damit beschäftigt, Antworten zu geben, statt wirklich zu hören. Der ständige Lärm von Argumenten, Gegenargumenten, Zweifeln und Bedürfnissen lenkt vom Wesentlichen ab.

Das Herz hört ohne Erwartungen, ohne Urteile.
Es ist offen und still.
Im Herzen hallt das Gehörte nach,
es offenbart sein wahres Anliegen
und hat Zeit sich zu entfalten.

Wenn wir mit dem Herzen hören, nehmen wir Schwingungen jenseits der Bedeutung der gesagten Worte wahr. Es mag geschehen, dass wir eine tiefere Wahrheit erspüren, die sich unter dem Gehörten versteckt und in der Stille offenbar wird.
Je offener und stiller das Zuhören wird, desto mehr schimmert zwischen den flüchtigen Worten die zeitlose Essenz hindurch und verbindet Hörerin und Sprechende in der Wahrheit.

Antworten steigen dann aus der Ganzheit auf, nicht aus dem Lärm.

Wer spricht hier? Wer hört zu?

Ist es möglich zu hören, ohne gleichzeitig eine Antwort zu überlegen?

UNTERREDUNG

„Ich bete und spreche ununterbrochen zu Gott. Ich schicke ihm meine Wünsche, bitte um Frieden, Glück und Erfüllung und darum, dass sich alles zum Besseren wendet. Solange, bis er mich erhört. Und was tust du?"

„In allem seine Stimme hören."

Kann ich in dieser Angelegenheit meine Vorstellungen und Erwartungen loslassen und stattdessen die Realität wahrnehmen?

ANREGUNG: HÖREN

Wie fühlt es sich an, das Bewusstsein in den Herzraum hinter dem Brustbein zu verlagern, während wir sanft in den Bauch atmen?

Mit jedem Einatmen vertiefen wir Beziehung zum Weiten, Unbenennbaren, bis wir uns selbst als das unbenennbar Weite erkennen. Mit jedem Ausatmen werde wir stiller, bis die Stille fühlbar wird.

Aus dem stillen, weiten Herzen heraus verbinden wir uns mit dem Gegenüber.

Erreichen uns Worte, lassen wir sie in unser Herz sinken, ohne an eine Antwort zu denken und ohne das Gesagte zu analysieren. Durch die Worte hindurch spüren wir hin zum Wesentlichen.

Will etwas durch uns gesagt werden, lassen wir einfach geschehen. Wenn nicht, bleiben wir in der Stille.

Was hört?

Was spricht?

INTUITION - DIE SPRACHE DES HERZENS

Das Herz weiß.
Es zweifelt nicht
und macht sich keine Sorgen.
Seine Sprache ist direkt,
einfach und unmissverständlich.
Sie berührt uns unmittelbar
und geht weit über das intellektuelle Begreifen
des Verstandes hinaus.

Wir nehmen die Botschaften des Herzens immer auch auf einer körperlich-energetischen Ebene wahr: als ein körperliches Empfinden, als Schwingungsveränderung in uns und um uns herum, als ein Gefühl von Freude, Liebe und Lebensbejahung, als Zeichen oder Omen.

Die Sprache des Herzens entspringt dem umfassenden, ungeteilten Eingestimmtsein auf das, was ist. Sie ist so natürlich und stets gegenwärtig wie das Rauschen des Blutes in unseren Adern, doch wird sie von dem ständigen Gedankenlärm des kleinen Ichs meist überlagert. Blitzen die Botschaften des Herzens trotzdem von Zeit zu Zeit in unserem Bewusstsein auf, nennen wir das Intuition.

Das Herz spricht in der Stille zu uns. Seine Sprache zu hören, bedeutet, die Stille als unsere wahre Heimat erfahren. Einfaches Gewahrsein, Meditation, die Verwendung von Gebeten und Mantren, Atem, Bewegung und Sport machen uns dabei durchlässiger für das intuitive Erfassen der Wirklichkeit.

Die Sprache der Angst begrenzt.
Die Sprache des Herzens befreit.

Was ist hier der erste Eindruck, der erste Impuls?

Gibt es ein Begreifen, das sich, jenseits aller Zweifel und Abwägungen, frisch und unmittelbar einstellt?

SEHEN

Das kleine Ich sieht, was es sehen will.
Es sieht die Welt nicht so, wie sie ist,
sondern so, wie es sich sieht.

Seine Erwartungen, seine Erinnerungen, seine Erklärungen und Konzepte bezüglich des Lebens sitzen wie eine Brille auf der Nase und filtern die Wirklichkeit, bis sie für die Aufnahmekapazität des kleinen Ichs zurechtgestutzt ist.

Diese Kapazität ist, entgegen seiner lautstarken Überzeugung, recht bescheiden. Gerade groß genug, um praktische Angelegenheiten zu erledigen, kann sie die Totalität des Seins in keiner Weise fassen.

Die Augen des Herzens
schauen auf die Unendlichkeit.
Unverwandt, unbeirrt.
Sie sehen in allem das Wirken des Einen.

Da das Herz keine Erwartungen hat, nimmt es wahr, was ist.

Ist das, was ich hier sehe die Wahrheit oder das, was ich sehen will?

102

Ist es möglich, jetzt Liebe statt Angst zu sehen?

BLICKWAHL

In der Art wie wir auf die Welt schauen,
liegt große Macht – und eine Wahl.
Es wird nämlich das,
worauf wir schauen zu dem,
was wir in ihm sehen.

Blicken wir durch die Brille der Angst, dann spiegelt sich diese Angst in allem was wir wahrnehmen. Wir leben dann in einer Welt, in der uns unsere tiefsten Ängste überall begegnen und zu bedrohen scheinen.

So wird ein Mensch, der sich seiner Nase schämt, überall nur (vermeintlich schönere) Nasen wahrnehmen und nicht die Unendlichkeit, die alle Nasen erschafft. Einer der das Böse fürchtet, wird überall Böses sehen und so Böses schaffen.

Mit den Augen des Herzens zu sehen bedeutet, die Wahl zu treffen, Liebe zu sehen, wo immer wir sind und was immer geschieht. Diese Wahl gibt der Welt in einem Augenblick ihr ursprüngliches Gesicht zurück und lässt uns Liebe sein, die sich in allem selbst begegnet. Natürlich auch in jeder Nase.

Wie begrenze ich jetzt meinen Blick?

Wer schaut hier? Auf was?

≈

UNTERREDUNG

„Früher war sie voller Schönheit und Anmut. Heute sehe ich nur ein keifendes, altes Weib. Was ist nur geschehen?"

„Du Armer. Es tut mir leid, dass deine Augen über die Jahre so trübe geworden sind und die Wahrheit nicht mehr erfassen können."

Ist es hier möglich - an meinen Konzepten und Konditionierungen vorbei - mit offenem Herzen zu sehen, was ist?

Was ist?

ANREGUNG: SEHEN

Das kleine Ich schaut ängstlich auf das Leben.

Um sich sicherer zu fühlen, benennt es das Gesehene sofort und ordnet es irgendwie in das ihm bereits Bekannte ein. Statt die Frische und Lebendigkeit des Jetzt zu erschauen, blickt es dadurch immer wieder auf seine alten, bekannten Konzepte, Erinnerungen und Erwartungen. Dieses Sehen ist oberflächlich und stärkt Illusionen aller Art.

Eine schöne Art, die Welt mit den Augen des Herzens zu betrachten, besteht darin, etwas langsamer als gewöhnlich auszuatmen und gleichzeitig die Augen zu defokussieren. Das bedeutet, den Blick weich zu machen und nicht auf ein bestimmtes Ziel zu richten, sondern durch ein Wesen oder einen Gegenstand hindurch auf die Weite dahinter zu schauen. Es ist so, als ob jedes Auge seinen eigenen Blickkanal hat.

104

Stelle wir uns vor, dass alles, dessen wir gewahr sind, sich gerade jetzt aus der Leere heraus manifestiert. Es ist eine Form, die das Sein aus Freude für sich – das bedeutet für uns - erschaffen hat und die unser Bewusstsein gerade entdeckt.

Diese Art des Sehens verlangsamt unmittelbar den Prozess des Denkens und Benennens. Wir nehmen etwas stärker in seinem puren Sein wahr, ohne dieses Sein durch Bezeichnungen zu kanalisieren und strukturieren.

Es mag geschehen, dass für Momente der Sehende und das Gesehene verschwinden und nur noch das Sehen selbst übrig bleibt. Während wir auf diesen Apfel schauen, schaut der Apfel auf uns! Wer schaut nun? Da ist nur ein Bewusstsein, das sich selbst erkennt.

Zu Beginn sind diese Momente so flüchtig, dass das kleine Ich sie sofort herausfiltert oder als Halluzinationen abtut. Doch mit etwas Ausdauer wird die Spanne des Nichtdenkens länger. Dadurch entsteht jedes Mal ein Riss im endlosen Strom der Gedanken, durch den hindurch Unendlichkeit sich selbst erfährt.

Bin ich wirklich ganz sicher, dass das, was ich hier wahrnehme, die Wirklichkeit ist?

Kann ich diese Angelegenheit unmittelbar, anstatt durch die Erklärungen der Angst hindurch betrachten?

FREUNDLICHE ERINNERUNG II

Das kleine Ich kennt die Wahrheit nicht, sonst hätte es keine Angst.

Vielmehr lebt es in dem Glauben, dass das Leben mit dem Tod endet, weil es vergessen hat, dass wir

Unendlichkeit sind. Alles was es tut, geschieht aus dieser Angst heraus und führt zu mehr Angst.

Doch nichts davon berührt unser wahres Sein. Seien wir deshalb zugleich freundlich und wachsam gegenüber dem kleinen Ich.

Freundlich, weil auch die Angst ein Teil der Liebe ist. Sie ist Liebe in Verwirrung und nur Liebe kann sie heilen. Ohne sie gäbe es keine Wahl und das eine Sein könnte nicht spielen, dass es sich selbst vergessen hat.

Wachsam, weil Angst immer neue Angst hervorbringt. Geboren in Raum und Zeit kann sie nirgendwo anders hin und kämpft um ihr Überleben in unserem Bewusstsein. Ist uns das nicht bewusst, leben wir, wenn auch nur vorübergehend, in der Illusion der Trennung und vergessen, dass wir nur spielen.

Bin ich hier meiner Verwirrung und meiner Angstgedanken bewusst?

Ist es möglich, zu genießen, was in Raum und Zeit geschieht, ohne an etwas zu haften oder etwas abzuweisen?

≈

SPÜREN, BERÜHREN, VERKÖRPERN

ANREGUNG: DIE WIRKLICHKEIT BERÜHREN

Die Angst
ernährt sich aus Erinnerungen
an die Vergangenheit und Erwartungen an die Zukunft.
Im gegenwärtigen Moment gibt es keine Angst,
nur Erfahrungen.

Da der Körper in der Gegenwart existiert, bedeutet das achtsame Spüren die sofortige Rückkehr in das Jetzt, weg von den Angstgedanken. Sobald wir uns leibhaftig spüren, verliert die Angst die Kontrolle über unseren Verstand, unsere Gedanken beruhigen sich und die größere Weisheit des Herzens beginnt zu wirken.

Dabei ist es nicht erforderlich, irgendetwas im Körper zu ändern – achtsames und urteilsfreies Spüren genügt. Spüren ist ein direkter Zugang zum Herzwissen und ein wunderbares Heilmittel gegen Angstgedanken und Verwirrung.

Wir öffnen uns auf dem Weg immer wieder dem Spüren und vertiefen so kontinuierlich das Vertrauen in die körperliche Erfahrung.

Kann ich jetzt für einige Atemzüge spürend wahrnehmen, was ist, ohne diese Erfahrung zu beurteilen?

ES GIBT KEINEN KÖRPER

Alle Formen sind Hüllen, durch die sich das eine Sein in unendlicher Vielfalt und Einzigartigkeit selbst erfährt. Sie entstehen und vergehen, ohne dass das Sein dadurch tiefer bewegt wird, als das Meer durch eine kleine Welle an einem verträumten Strand.

Auch der menschliche Körper ist eine solche Hülle. Wunderbar, komplex, unerklärlich . . . und wie alles andere, kann er nur in der Gegenwart gelebt, erfahren, genossen und geliebt werden.

Alle Vorstellungen dagegen, die wir von unserem Körper haben, sind irreal. Sie entstammen der Vergangenheit und somit dem trennenden Denken und haben nichts mit der frischen, unmittelbaren Erfahrung des Jetzt zu tun.

Das eine Sein kann nie
angegriffen oder krank werden und sterben.
Obwohl in ständigem Wandel begriffen,
ist es ewig und allumfassend.
Weil es allumfassend und ewig ist,
sind alle Vorstellungen,
die wir von unserem Körper
und seiner Vergänglichkeit haben,
nicht die Wahrheit,
sondern Trugbilder der Angst.

Den Körper, den das Denken wahrnimmt, gibt es nicht. Er ist eine Illusion. Ebenso wie die Vorstellung, es gäbe ein getrenntes Ich und eine ganze Welt, die um diese Vorstellung kreist, Illusionen sind.

Solange wir den Traum des Getrenntseins weiter träumen, frisst jeder darauf beruhende Angstgedanke Löcher in unsere Lebendigkeit und schwächt uns. Indem er gedacht und als Realität akzeptiert wird, entsteht eine Verwirrung in unserem Körperfeld, die zu Verspannungen, Symptomen, schwierigen Beziehungen, Unfällen und Süchten führt. Ohne Verbindung zur Wahrheit sind Depression, Gefühle von Sinnlosigkeit, die Angst vor dem Tod, Einsamkeit und die Versuche, das zu verdrängen, der Preis, den wir zahlen. Das ist nicht so schlimm, wie es klingt, denn es ist nur ein Traum.

In der Gegenwart erwachend,
löst sich die Verwirrung sofort auf.
Hier gibt es kein Ich,
keinen Körper, keinen Tod, keine Welt.
Da ist nur Sein, das sich selbst begegnet
-    Gewahrsein für diesen Augenblick,
der alles ist, was ist.

*Welche meiner Annahmen und Meinungen über den Körper
sind wirklich wahr?*

Wer sagt das? Woher stammen sie?

*Wie stehen diese Gedanken mit meiner Lebendigkeit und
Freude in Beziehung?*

ZWEI KÖRPER

Die Liebe und die Angst erfahren wir in unserem Körper.
Als Annäherung kann man sagen, dass wir zwei Körper
haben.

Der eine ist weit, offen, fließend, glückselig, schnell
vibrierend, überwältigend lebendig, sinnlich und freudig.
Wie jeder Körper wird auch er vom Tode berührt,
doch kennt er keine Angst, kein Anhaften. Er wandelt sich
leicht, wenn seine Zeit kommt.
Dieser Körper ist nie aus der Liebe herausgefallen.
Sie durchströmt und erhält ihn. So lebt er in der Wahrheit
und trennt sich nie vom größeren Sein, auch nicht im
Schmerz.

Der andere Körper ist eng, zusammengezogen,
verspannt, langsam schwingend, ängstlich, abwehrend und

traurig. Er wird von Angstgedanken geformt und erhalten. So lebt er in der Illusion der Getrenntheit vom größeren Sein und leidet unaufhörlich.

Wir können beide - den Herzkörper und den Angstkörper - jetzt spüren. Doch ist dabei von Bedeutung, wer da spürt und wahrnimmt. Das kleine Ich klebt, seiner Natur gemäß, an den Erfahrungen des Angstkörpers. Es gebraucht ihn, um sich Sorgen für die Zukunft machen zu können und sich dadurch von der Erfahrung der Gegenwart auszuschließen. Es gelingt ihm leichter, über seine Kopfschmerzen nachzudenken, sie mit vergangenen Schmerzen zu vergleichen und in der Zukunft durch Schmerzmittel zu vermeiden, als auch nur für ein paar Atemzüge gegenwärtig zu sein und den Schmerz einfach wahrzunehmen.

Gegenwärtig sein ist die Art des Herzens.
Während das kleine Ich den Schmerz vertieft,
weil es versucht, ihn zu vermeiden,
liegt in dem achtsamen Hinspüren des Herzens
oft schon Heilung und Wandlung,
gerade weil es nichts will und erwartet.

Denn wenn wir unseren Körper fühlend und spürend erfahren, ohne in unseren Vorstellungen und Konzepten darüber, wie er zu sein hat, gefangen zu sein, öffnen wir uns für das Tiefere. Für das, was sich offenbaren will und uns, entgegen den Absichten des kleinen Ichs, zu einer umfassenderen, jetzt noch unbekannten Ganzheit ruft.

Da geschieht es dann, dass ein Schmerz sich durch seine tiefe Annahme wandelt in ein heilendes Bild, eine heilende Handlung, ein Verständnis für das in ihm Gefangene und Zurückgehaltene. Durch achtsames Spüren integrieren wir das bisher Ausgestoßene, das nicht zum Selbstverständnis des kleinen Ichs passt und heilen so die Trennung von Körper und Geist.

Und durch das urteilsfreie Spüren des Herzens machen wir eine zweite tiefgreifende Erfahrung: Indem wir uns von den Vorstellungen lösen, wie der Körper zu sein und sich zu fühlen hat, schließen wir tiefen Frieden mit unserer Verkörperung, so wie sie ist. Wir nehmen unser menschliches Sein in all seinen Veränderungen und Wandlungen an und öffnen uns der Vibration der Freude, die - immer gegenwärtig - jede einzelne Zelle durchströmt und uns an die Schönheit und Lebendigkeit des Seins erinnert.

Wo in meinem Körper spüre ich gerade Lebendigkeit und Freude, wo Weite, Ausdehnung, Leichtigkeit?

Wie genau empfinde ich dies?

Wo in meinem Körper spüre ich gerade Anspannung und Angst, wo Enge. Starre und Abwehr?

Wie genau fühlt sich das an? Was spüre ich?

Kann ich jetzt bei der Wahrnehmung meiner Angst bleiben, ohne etwas damit tun zu müssen, ohne sie verstehen, beherrschen oder verdrängen zu müssen?
Was geschieht?

SCHWINGUNGEN

Angst ist eine langsame Schwingung.

Gerade so langsam, dass sie sich nicht erinnert, Teil der einen Schwingung zu sein, aus der alles hervorgeht, aber schnell genug, um sich an das menschliche Energiefeld anzuhängen und es entscheidend zu beeinflussen.

Allerdings kann sie das nicht überall. In der schnelleren Schwingung des Herzens kann die Angst ihre feste Form nicht lange halten und beginnt sich zu verändern.

Wenn wir etwas im Herzen umarmen, das langsamer schwingt als das Herz – das bedeutet, es annehmen, so wie es ist -, bekommt es Energie zugeführt und verändert dadurch seine Frequenz in Richtung der höheren Herzenergie. Es bewegt sich in Richtung Liebe, genauer gesagt, es erkennt, dass es nie davon getrennt war.

Jede Angst schwingt deutlich langsamer als Liebe und löst sich auf, wenn wir sie mit der Kraft des Herzens umarmen.

Wo in meinem Körper spüre ich gerade Anspannung und Angst?

Ist es möglich, aus der Mitte des Herzens Liebe und Annahme dorthin fließen zu lassen und die Anspannung darin zu baden? Was geschieht?

ANREGUNG: ATMEN

Das Leben ist einfach und unergründlich zugleich.
Es will im Herzen erfahren werden.

Die Angst versucht das Leben durch Denken kompliziert zu machen, um sich hinter der dadurch entstehenden Verwirrung zu verschanzen.

Der Atem ist die Brücke aus dem Land der Angst hinein in die Unendlichkeit des Herzens.

Jeder bewusst wahrgenommene Atemzug öffnet uns dem universellen Herzen.

Jede im Körper sitzenden Angst, die spürend erforscht und wahrgenommen wird, wandelt und löst sich auf, wenn wir dem Atem erlauben, sie sanft zu berühren.

Immer wieder.

Jetzt.

Durch den Atem verbinden wir uns mit dem heiligen Geist der Schöpfung in jeder unserer Zellen.

Welche Körperempfindung, welches Gefühl nehme ich gerade am deutlichsten wahr?

Was geschieht, wenn ich sanft dorthin atme und ohne Urteil dabei verweile?

UNTERREDUNG

„Was tust du?"

„Durch strenge Disziplin und Askese die Begierden des Körpers absterben lassen und so die Einheit verwirklichen", sagt der Sucher.

„Wie kann Einheit erfahren werden, wenn das Denken den Körper aus der Einheit ausschließt?", fragt der Wanderer.

Was erfährt sich als getrennt?

Was sucht nach Erlösung?

WAS FÜHLT SICH GUT AN?

Das kleine Ich ist verwirrt und widersprüchlich in seinen Argumenten und Handlungen, gleichgültig wie bestimmt und überzeugend es auch auftritt. Denn letztlich leugnet es immer die Realität: Wir sind Unendlichkeit jenseits von Raum und Zeit. Nichts kann daran etwas ändern.

Das kleine Ich ist äußerst trickreich darin, uns beschäftigt zu halten und zu verhindern, dass wir uns der Gegenwart zuwenden und seine Illusionen und Konstrukte von der Wirklichkeit durchschauen. Da es nicht in der Wahrheit lebt, sagt es die Unwahrheit und sorgt ständig für Verwirrung und Widersprüche.

Jedoch gibt es einen Ort,
an dem sich immer die Wahrheit zeigt
und der zum Prüfstein aller Gedanken wird.
Dieser Ort ist der Körper.

Die Stimme der Liebe ist dort als Freiheit, Weite, Entspannung, ein Strömen von Herzenergie erfahrbar. Es fühlt sich an, wie ein „JA" zum Leben, ein tiefes Verbundensein. Es fühlt sich gut und richtig an.

Angst dagegen glaubt an Trennung und deshalb erscheint es ihr nicht widersprüchlich, wenn sich Geist und Körper nicht im Einklang befinden. Und da sie sich mit dem Verstand identifiziert, handeln wir ein um das andere Mal unseren Angstgedanken entsprechend, obwohl sie sich im Körper schlecht anfühlen und Unwohlsein hervorrufen. Wir verdrängen und verleugnen diese Empfindungen und Gefühle und unterwerfen uns der Diktatur des Verstandes.

Für ihn ist der Körper nur noch ein störendes Beiwerk, das entweder nicht seinen Vorstellungen genügt, oder gerade Symptome hervorbringt, die an Verletzlichkeit und Sterblichkeit erinnern.

Darin gefangen, missachten wir das Geschenk unserer Lebendigkeit und verweigern uns der Erfahrung, Geburt, Leben und Tod zutiefst in unser Sein aufzunehmen und auszukosten.

Herzenergie trennt nicht
zwischen Geist, Körper, Gefühlen und Handlungen.
Sie sind ein unlösbar miteinander und mit allem, was ist
verwobenes Ganzes.

Auf Wegen des Herzens sind wir dann, wenn sie sich auch so anfühlen: das bedeutet, wenn wir sie im Körper als bereichernde, erweiternde Erfahrung begrüßen können.

Wege, auf denen wir uns immer wieder den Kopf an Hindernissen blutig schlagen, auf denen es uns schlecht geht und die wir innerlich ablehnen, sind nicht unsere – gleichgültig mit welchen Argumenten die Angst uns genau das glauben machen will.

Wenn es sich nicht gut anfühlt, ist es liebevoller wegzugehen. Welcher Sinn liegt darin, dieselbe Erfahrung immer wieder zu machen, vor allem, wenn sie immer wieder denselben Schmerz verursacht?

Was fühlt sich hier gut und richtig an?

Wo in meinem Körper fühle ich das? Wie?

Welche Empfindungen ruft diese Angelegenheit in mir hervor? Kann ich diese für ein paar Atemzüge achtsam wahrnehmen, ohne darüber zu urteilen und sie gering zu schätzen?

Ist es möglich, in der nächsten Stunde nur zu handeln, wenn Denken und Empfinden im Einklang sind?

Möchte ich gerade jetzt einen Apfel essen?

VERWIRRUNG HEILEN I

Wenn Verwirrung verhindert,
dass sich ein klares Gespür im Körper einstellt,
ist es das Beste, sich zu entspannen . . .
und noch tiefer zu entspannen.

Spüren, warten
bis sich die Aufregung gelegt hat
und ein klarer Impuls aus dem Sein aufsteigt
– mehr nicht.

Aus Angst zu agieren und zu handeln,
sich ihr zu überlassen,
vermehrt lediglich Verwirrung und Leid.
Es schwächt.

In einem Zustand der Resonanz
mit unseren innersten Empfindungen und Impulsen zu sein,
verbindet uns mit der Quelle
und bestärkt uns in dem Vertrauen,
dass alles sich gemäß dem Willen der Einheit entwickelt,
auch dann, wenn das gerade nicht
dem Wollen des kleinen Ichs entspricht.

Aus dem Herzen heraus zu handeln,
heilt die Verwirrung und stärkt auf allen Ebenen.

Was spüre ich in meinem Körper? Was zieht mich an?
Wie fühlt sich das an, welche Gefühle sind mit diesen
Empfindungen verbunden?

Wo fühle ich Verwirrung?
Wo Verbundenheit und Ganzheit?

Kann ich jetzt die Verwirrung annehmen und in der
Ganzheit verweilen?

UNTERREDUNG

„Okay, ich gebe auf. Sag mir, wo finde ich die Wahrheit?",
fragt erschöpft das kleine Ich.

„Das willst du nicht wirklich wissen" , antwortet das Herz.

„Ich glaube, du hast recht. Es geht mir auch schon wieder
besser. Machs gut bis zum nächsten Mal. Ich muss weiter."

„Viel Spaß beim Rennen!", wünscht das Herz.

Folge ich meinem Kopf oder meinem Herzen?

VERPFLICHTUNG ZUR WAHRHEIT

Auf die Frage, was Wahrheit ist, sucht die Angst eine
Antwort in ihren Gedanken.

Das Herz denkt nicht über Wahrheit nach, weil
kein Gedanke sie erfassen kann. Für das Herz ist wahr, was
jetzt unzweifelhaft ist: Die Empfindungen und Gefühle des
Körpers.

Wenn sich etwas stimmig und gut anfühlt,
ist es wahr,
wenn es sich unstimmig anfühlt,
ist es unwahr.

Das in unserem Alltag und unserem Handeln zu beherzigen,
ist ein Sprung aus dem Gefängnis des Denkens mitten
hinein ins Leben. Indem wir Entscheidungen treffen, die
unserer Wahrheit entspringen, wird das Leben
überraschend, aufregend und authentisch.

Sich der Wahrheit zu verpflichten, bedeutet, den Körper ständig in unsere Aufmerksamkeit mit einzuschließen. Damit verankern wir uns in der Gegenwart und können fließend und leicht auf die Erfordernisse des Augenblicks reagieren.

Das ist einfach, doch wird das kleine Ich alles tun, um uns von dem Empfinden weg und zurück in die Welt der Zweifel, Erwartungen und Befürchtungen zu holen. Voraussetzung ist also die Bereitschaft, die Wahrheit auch tatsächlich fühlen zu wollen.

Und es braucht auch immer wieder den Mut, unserer Wahrheit gemäß zu handeln, denn ohne das Handeln, bleiben wir ängstlich und gefangen. Das Handeln aus dem Herzen stärkt das Vertrauen in unsere innere Weisheit, weil wir ein um das andere Mal erleben, wie sich das Richtige zusammenfügt. Oft in einer Weise, die unser Vorstellungsvermögen weit übertrifft.

Als Kind haben wir vielleicht irgendwann dieses Vertrauen in die eigene Wahrheit, in die eigene Körperlichkeit, dem Bedürfnis geopfert, zu lieben und von anderen geliebt zu werden. Doch jetzt ist es nicht länger notwendig, Wahrheit und Integrität aufzugeben, um Liebe zu erfahren.

Im Gegenteil: indem wir unsere Wahrheit fühlend entdecken und ihr folgen, lieben und achten wir unser wahres Wesen. Dann ist es leicht, andere für ihre Wahrheit – die Art, wie das eine Sein durch sie wirkt - zu lieben und zu achten, ansonsten ist es unmöglich.

Bin ich bereit, jetzt Wahrheit zu fühlen und anzunehmen?

Bin ich bereit, ihr gemäß zu handeln?

Wie fühlt sich das an? Was ändert sich dadurch?

ANREGUNG: WAHRHEIT EMPFINDEN

Um uns auf unsere Wahrheit auszurichten, ist es sinnvoll, mit kleinen Entscheidungen zu beginnen. Dazu können wir einfache Sätze sprechen, die mit gegenwärtigen Erfahrungen zu tun haben und ihnen ohne Anstrengung, in einer offenen, jedes Ergebnis annehmenden Haltung im Körper nachspüren.

Wenn wir fragen: „Möchte ich diesen Apfel essen?" und der Magen knurrt, was bedeutet das?
Oder wir entscheiden: „Heute tue ich gar nichts" und spüren ein leichtes, freudiges Gefühl in der Brust?
„Ich bin sehr gerne mit XY zusammen." Der Bauch krampft sich zusammen. Was bedeutet das?

Es ist wichtig, sich auch für scheinbar Offensichtliches Zeit zu nehmen und dem Spüren Raum zu geben.

Was fühlt sich hier gut und richtig an?

Stärkt oder schwächt diese Körperempfindung?

VON KRANKHEIT UND GESUNDHEIT

Aus der Sicht der Angst gibt es Krankheit und Gesundheit, so wie es Tag und Nacht, männlich und weiblich gibt. Diese scheinbare Dualität wirkt wie ein starker Magnet, der bei vielen Menschen große Teile ihrer Aufmerksamkeit an sich zieht. Wir fürchten das eine und wollen das andere. Wir glauben genau zu wissen, wie unser Leben und unser Körper auszusehen hat und können deshalb jede Abweichung von diesem Idealzustand meist nur als zu korrigierenden Fehler der Natur oder als Strafe Gottes für unsere Sünden begreifen.

Es existieren unzählige Methoden und Wege – von der westlichen zur östlichen Medizin und all den alternativen und sonstigen Ansätzen dazwischen – die wir auf der Suche nach Heilung unserer Symptome ausprobieren können, ohne uns jemals der Ursache aller Leiden zuzuwenden: der Angst vor dem Tod und der darauf beruhenden Annahme, wir seien endlich.

Für den Verstand ist die Kluft zwischen Krankheit und Gesundheit dieselbe wie die zwischen Vergangenheit und Zukunft. Indem er ständig zwischen den Polen hin- und herspringt und sich Sorgen, Hoffnungen und Plänen hingibt, vermeidet er, in der Gegenwart anzukommen. In unserer Gesellschaft ist es weit verbreitet, den Körper mit Angstgedanken zu bombardieren. Ganze Industrien leben von dem Versprechen, uns vor Alter, Krankheit und Tod zu bewahren, sowie Schönheit und Attraktivität zu erhalten. Naturgemäß bleibt der Erfolg zumindest zeitlich eng begrenzt. Allerdings wird unser Körper, wenn wir ihn ständig mit Angstgedanken zustopfen, schwer, unbeweglich, krank und eine Last. Nehmen wir ihn ins Herz und füllen jede seiner Zellen mit Liebe, wird er leicht und löst sich irgendwann freudig im ewigen Sein auf.

Aus der Sicht des Herzens gibt es keine Krankheit, nur die Erfahrung des Lebens, so wie es sich jetzt gerade offenbart. Es weiß um die Ewigkeit und hat keine Angst vor den Veränderungen, die unser Körper, wie alle Formen, ständig erlebt. Das Herz kennt nicht gut oder böse und nimmt unsere körperliche Schwäche ebenso in sich auf wie den Virus, der sie hervorruft. Sein Vertrauen in den Willen des Einen ist grenzenlos.

Das schließt nicht aus, dass wir uns richtig ernähren, eine körperliche Disziplin einhalten und einen Arzt aufsuchen, wenn es nötig ist. Es bedeutet nur, immer auch tatsächlich spürend und fühlend im Körper präsent zu sein, statt voller Angst ständig über ihn und seinen Zustand nachzudenken.

Wie genau erfahre ich dieses Symptom? Was spüre, was fühle ich? Wie verändert das absichtslose, nicht urteilende Wahrnehmen meine Empfindungen?

Wie kann ich hier achtsam mit meinem Körper umgehen und gleichzeitig die Beziehung zur Unendlichkeit aufrechterhalten?

Wovor habe ich Angst? Was ist das Schlimmste, das hier geschehen kann?

UNTERREDUNG

„Warum ist das Leben immer auch mit Schmerzen verbunden?", brütet das kleine Ich.

„Warum nicht? Die Schale einer Nuss zerbricht, die Mutter gebiert unter Schmerzen, der Wolf reißt das Reh, und die Bekämpfung deiner Infektion hat Millionen von Bakterien das Leben gekostet. Schmerz ist Teil des Lebens. Weder gut noch schlecht, einfach Leben", beruhigt das Herz.

Wer leidet?

Wie trennt mich der Wunsch, das Leben sollte anders sein, als es ist, von der Wirklichkeit?

Bedeutet Annahme der Realität passiv darin zu verharren? Oder entfaltet sich nur durch Annahme der Prozess des

Lebens leicht und natürlich weiter und führt organisch aus sich heraus zum nächsten Schritt?

SYMPTOME

Jeder Körper ist ein Wunderwerk, geschaffen in Raum und Zeit. Also wird er vergehen. In den Augen der Angst sind Körpersymptome deshalb eine Bedrohung und müssen irgendwie zum Verschwinden gebracht werden.

Das kleine Ich kämpft hier blind um sein Überleben ohne je begreifen zu können, dass jedes Symptom genauso Teil des Einen ist, wie alles andere auch. So seltsam es auch klingen mag, aber das Eine hat keinerlei Vorlieben. Es wertet nicht und wünscht nicht, dass etwas anders sein soll, als es ist. Das in den Achsen von Raum und Zeit gefangene Denken sorgt sich um seine Symptome und seine Zukunft. Doch in Wahrheit gibt es nur das Gewahrsein von gegenwärtigen Empfindungen und Erfahrungen.

Gelingt es, sich aus der Umklammerung des Denkens etwas zu lösen und unseren Körperempfindungen achtsam und offen zu begegnen, dann erschließen sich oftmals tiefere Zusammenhänge. Denn jedes chronische Symptom ist untrennbar mit Gedanken- und Gefühlsmustern, mit einigen unserer inneren Stimmen, mit unseren Beziehungen, ja selbst mit der Gesellschaft in der wir leben und dem ganzen planetaren Geschehen verbunden. Indem es in Form von Achtsamkeit einen Energieschub bekommt, verändert sich jedes Symptom und übermittelt uns eine Botschaft des Seins, die zu Wandlung und Ganzheit aufruft.

Manchmal bedeutet das Heilung auch auf der körperlichen Ebene. Manchmal bleibt ein Schmerz fast unverändert bestehen und befreit uns, indem er uns die Zerbrechlichkeit unserer physischen Existenz vor Augen führt, entgültig von allen Illusionen, an die wir uns klammern.

Allerdings: Bei einem Beinbruch ist ein Krankenhaus die erste Wahl!

Kann ich spüren, was jetzt ist?

Was bin ich jenseits aller Empfindungen?

≈

LIEBEN, FÜHLEN, SICH BEZIEHEN

DAS MEER DER LIEBE

Das Herz sucht nicht nach Liebe.
Es sucht nach Wegen, Liebe zu geben.

Indem es alles umarmt,
offenbart sich ihm alles als Liebe.
Es sucht deswegen nie danach.
Das wäre so, wie im Meer zu schwimmen
und sich nach Wasser zu sehnen.

Seine Freude ist es, kreativ zu sein und immer neue Wege
zu erschaffen, um Liebe zu geben: Wie kann ich jetzt und
hier Schönheit und Vollkommenheit sehen und Liebe
geben? Wie kann ich mich selbst, diesen Menschen, diese
Situation, diese Erfahrung tiefer und mitfühlender
annehmen und lieben?

Das Herz scheitert nie.

Für die Angst ist Liebe ein Kampf:
Wie kann ich andere dazu bringen, mich endlich zu lieben?
Wie die große Leere in mir füllen?
Wirst du dich meiner Bedürftigkeit annehmen?
Kannst du meine Sehnsucht stillen?
Wie kann ich mich selbst, diesen Menschen, diese
Situation, diese Erfahrung dazu benutzen, um die
Bedürfnisse der Angst zu befriedigen.?

Die Angst scheitert immer.

Wie kann ich hier Liebe geben?

*Ist es möglich, mein Verharren in den Sichtweisen der
Angst zu erkennen und anzunehmen?*

Kann ich die Gefühle von Bedürftigkeit fühlen und liebe-

126

voll ins   Herz nehmen, ohne zu versuchen, sie zu
verdrängen oder zu verändern?

ZWEIERLEI LIEBE

Das, was das kleine Ich Liebe nennt, ist immer an etwas außerhalb seiner selbst gebunden. An ein Objekt in Form von anderen Menschen, Dingen, Wünschen, Idealen und Gott.

Sich selbst kann es nicht lieben, denn noch größer als seine Sehnsucht, ist die Angst davor, sich in der Liebe aufzulösen und sein mühsam errungenes Gefühl der Besonderheit zu verlieren. Die Erfahrung der Liebe, ja alleine das Zulassen der Sehnsucht danach, sich dem Größeren zu ergeben, würden das kleine Ich schmelzen lassen wie Eiswürfel im warmen Wasser des Ozeans.

Das Herzgewahrsein trennt nicht außen und innen,
es kennt nichts außerhalb von sich selbst.
So bedeutet Liebe einfach nur,
das zu umarmen, was ist.
Da ist kein Suchen, da ist nur Liebe.
Das Herz umarmt den Eiswürfel,
das Meer, die Suche, die Sehnsucht
und die Illusion der Getrenntheit
mit gleicher Hingabe
und erkennt in allem nur das Eine.

Ist es möglich, hier der Suche nach   Anerkennung,
Bestätigung und Liebe im Außen gewahr zu sein?
Hatte diese Suche je Erfolg?

Wer sucht?

127

LIEBE IST KEIN GEFÜHL

Liebe ist.

Liebe ist der Urgrund.
Die erste Schwingung,
die ungeteilt aus der Leere hervortritt
und aus der heraus sich ausnahmslos alles,
auch unsere Welt der Dualität,
entwickelt.

Liebe und Sein sind dasselbe – eine Liebe, ein Sein, grenzenlos.

Der Satz „Ich liebe" ist ein Gedanke und zieht eine imaginäre Grenze um das kleine Ich und das, was es zu lieben glaubt. Er sucht zu trennen und eine besondere Beziehung herzustellen, wo nur ein Sein ist. Die Grenze zieht die Angst, das Eingegrenzte wieder zu verlieren, langfristige Beziehungen, Eifersucht, Liebesromane, Familienstrukturen, Staaten und viele weitere Grenzen nach sich. Doch wenn die erste Abgrenzung nur imaginär ist, wie real ist das, was sich daraus entwickelt?

Liebe und „Ich liebe." sind nicht dasselbe, doch im „Ich liebe" schwingt eine Sehnsucht, die erst erfüllt wird, wenn das „Ich" sich auflöst und das Lieben bleibt.

Wer liebt? Was?

GEFÜHLE

Die Energie eines Gedankens verändert das Energiefeld des Körpers bis in seine dichteren Schwingungen, die Zellen, hinein. Jeder Gedanke ist als körperliche Empfindung wahrnehmbar.

Die Veränderung im Geist-Körperfeld wandelt sich weiter fort in ein Gefühl, das seine besondere Färbung aus der Qualität des Gedankens und dessen Wirkung in den Zellen bezieht. Es gibt dabei keine Trennung zwischen Geist, Körper und Gefühlen. Sie sind fließende Zustände innerhalb eines Prozesses. Allen Gefühlen liegen also körperliche Empfindungen zu Grunde. Anders ausgedrückt: Ohne Körper gäbe es keine Gefühle.

Ausnahmslos jedes Gefühl
will bewusst gefühlt,
das bedeutet ohne Urteil und Abwehr,
im Körper zugelassen und angenommen sein.
Nur dann kann es weiterfließen
und in erweiterter Bewusstheit
und/oder in stimmigen Handlungen
seinen Ausdruck und Abschluss finden.
Das gilt unabhängig davon,
ob das kleine Ich ein Gefühl
als positiv oder negativ bewertet.

Gefühle, die nicht gefühlt und angenommen werden, können sich nicht weiterentwickeln und setzen sich im Körper fest. Alte Gefühle, die immer wieder auftauchen, ohne sich zu verändern, sind deshalb nichts weiter als stagnierende Lebensenergie.

Der Grund, warum wir an ihnen festhalten, liegt darin, dass das kleine Ich sie braucht. Sie verleihen ihm Identität und Bedeutung. Je langsamer und schwerer die Energie eines Gefühls schwingt, desto schmerzhafter und schwieriger ist es, aber umso solider und bedeutender erscheint es dem kleinen Ich. Deshalb versucht es immer wieder, die Geschichte, die seiner Meinung nach die Gefühle verursacht hat, im täglichen Leben mit den alten oder neuen Protagonisten nachzuspielen. Zu einen verstärkt es so das Gefühl seiner eigenen Wichtigkeit. Zum anderen handelt es in der vergeblichen Hoffnung, endlich die Liebe und Anerkennung zu bekommen, die es sich selbst nicht geben kann. Statt ein Pflaster auf die alte Wunde zu kleben und sie heilen zu lassen, kratzt das kleine Ich sie wieder und wieder auf und bemitleidet sich in seinem Schmerz. Das ist ihm lieber, als seine Überzeugung in Frage zu stellen, dass ihm von anderen irgendwann Unrecht getan wurde und die Welt ihm deswegen etwas schuldet.

Das Herz öffnet sich jedem Gefühl, ohne darüber nachzudenken. Sobald ein Gefühl in dieser Weise im weiten Raum des Herzens umarmt wird, fließt es weiter, wandelt sich und macht etwas neuem Platz, während die mit ihm verbundene Geschichte verblasst und sich in der Erfahrung der Gegenwart auflöst.

Welche Gefühle kehren immer wieder?

Welche Geschichten gehören dazu?

Bin ich bereit, jetzt dieses Gefühl vollständig zu fühlen?

KEIN FEHLER

Durch die Brille der Angst betrachtet, steckt das Leben voller Unsicherheiten, Risiken und Fehler. Es ist, wie manche sagen, eine Krankheit mit tödlichem Ausgang.

Mit den Augen des Herzens wahrgenommen,
gibt es nur Erfahrungen.
Kein Bewerten,
kein Urteilen,
kein Vergleichen
- nur Erfahrungen: Aha. So ist das also.

130

Ohne die Angst vor Fehlern entwickeln wir die innere Freiheit, alle Erfahrungen anzunehmen und über sie hinauszuwachsen. Das gilt besonders für die von uns bisher verdrängten Gefühle, die trotz unserer Ablehnung ja gegenwärtig bleiben. Nur ihre Annahme im Herzen erlöst uns von der mit ihnen verbundenen Geschichte und lässt uns zu einer sinn- und liebevolleren Gegenwart zurückfinden.

Indem wir so Verantwortung für unsere Gefühle im Jetzt übernehmen und unsere Geschichten über die Vergangenheit loslassen, praktizieren wir Vergebung.

Ist es möglich zu fühlen, was jetzt ist, ohne in eine Geschichte abzuschweifen?

UNTERREDUNG

„Ich kann nichts gegen meine Gefühle tun. Sie tauchen auf, ob ich will oder nicht. Sie gehen nicht weg, egal, was ich auch versuche, um sie loszuwerden. Ich bin immer noch wütend und das macht mich noch wütender."

„Das ist so."

„Was kann ich dagegen tun?"

„Nichts."

„Das ist alles, was du zu sagen hast?"

„Was kann man gegen den Wind tun? Nichts, man kann ihn nur spüren."

„Ich will das aber nicht fühlen. Wut schmerzt."

„Wirklich? Schmerzt jetzt gerade die Energie der Wut? Wenn ja, wie genau geschieht das? Oder leidest du darunter, dass durch das Beharren auf deinen Wutgedanken immer wieder Wut aufsteigt, gegen die du dich wehrst, indem du deine Muskeln anspannst, anstatt das reine Gefühl wirklich zu fühlen? Schmerzt die Wut oder die Unterdrückung deiner Wahrheit?"

Kann ich dieses Gefühl vollständig wahrnehmen, ohne darauf zu reagieren und ohne es loswerden zu wollen?

Kann ich auch meinen Widerstand dagegen spüren und trotzdem bei dem Gefühl bleiben?

ANREGUNG: DEN KAMPF BEENDEN

„Das Leben ist Kampf", sagt die Angst und hat aus ihrer Sicht recht. Da sie ständig kämpft, ist Kampf alles, was sie erfährt.
„Das Leben ist", sagt das Herz und schert sich nicht darum, wer recht hat.

Leben entzieht sich unserer Kontrolle.
Es entfaltet sich einfach und kümmert sich wenig darum,
ob wir gegen es ankämpfen oder nicht.
Es gewinnt immer, ohne das Wort „Kampf" zu kennen.

In der Sicht des Herzens
ist das Leben immer vollkommen, so wie es ist.
Vielleicht nicht perfekt,
gemessen an unseren Ansprüchen,
aber vollkommen.
Und auf mysteriöse, manchmal erschreckende Weise
bringt es uns immer genau das, was wir jetzt brauchen.

Aus dem Gewahrsein dieser Vollkommenheit erwächst Friede. Wir geben es allmählich auf, gegen das Leben zu kämpfen. Statt in Aktionismus zu verfallen und dadurch unsere Gefühle zu verdrängen, sitzen wir öfter für eine Weile still und spüren dem nach, was gerade ist. Vielleicht stellen wir uns dabei vor, dass es genauso sein muss, dass wir kein anderes Gefühl haben möchten und an keinem anderen Platz und niemand anderer sein müssen.

Nach ein paar Minuten wird etwas in uns dann größer und freier, ohne dass wir etwas tun. Oft will gar nicht mehr viel geschehen oder geändert sein, wir erlauben nur dem Herzen, allem seinen ihm zustehenden Raum zu geben.

Jemand erzählte: „Ich gehe auf der Straße und fühle mich einsam und traurig. Da ist ein Druck auf meiner Brust, die Muskeln um meine Augen sind angespannt, und gleichzeitig bin ich voller Tränen. Ich setze mich auf eine Bank und spüre tiefer in diese Empfindungen hinein. Ein Gedanke taucht auf: Du wirst für immer einsam sein. Ein Druck entsteht in der Kehle, ein paar Tränen fließen. Ich erkenne den Gedanken und die Gefühle. Es sind alte Bekannte. Ich lade sie ein zu mir auf meine Bank. Mehr Tränen fließen. Freundlich bin ich zu meinen alten Gefährten, so wie ich mitfühlend und freundlich bin, wenn meine Tochter einen Schmerz hat. Er darf sein, was er ist und gleichzeitig ist es tröstend zu wissen, dass er ein Anfang und ein Ende hat, so wie alle menschlichen Erfahrungen in Raum und Zeit begrenzt sind.
Menschen gehen an mir vorbei und in vielen sehe ich dieselbe Einsamkeit und denselben Schmerz. Mein Mitgefühl und damit mein Bewusstsein dehnen sich aus und sanft öffnet sich ein größerer Raum. Da sind Traurigkeit, Einsamkeit, doch jetzt auch Gefühle von Verbundenheit und eine heitere, losgelöste innere Ruhe.
Es ist wie ein Wunder, dass mich gerade jetzt ein Sonnenstrahl erreicht auf meiner Bank. Er entspannt die

Muskeln in meinem Gesicht und trocknet die Tränen. Ich muss lachen und freue mich. Wahrscheinlich werde ich mich von Zeit zu Zeit einsam fühlen, doch alleine bin ich nie.

Der Schmerz ist immer noch da, doch während ich vorhin Angst vor ihm hatte, kann ich ihn jetzt einfach wahrnehmen. Derselbe Schmerz, doch eine völlig andere Erfahrung ... und unter dem Schmerz ist Stille."

Was ist es, das Gefühle wahrnimmt?

Wo und wie kämpfe ich gegen das Leben?

Wie oft habe ich diesen Kampf gewonnen?

Wie fühlt es sich an, diesen Kampf zu beenden und stattdessen zu fühlen, was ist?

IN DER WAHRHEIT DES HERZENS LEBEN

„Wahr ist das, was ich für wahr halte", sagt der Verstand.
„Wahr ist, was sich wahr anfühlt", antwortet das Herz.

Alles,
was wir fühlen, ist wahr,
weil wir es fühlen.
Kein Gefühl ist schlecht, unangemessen,
unakzeptabel oder zerstörerisch,
solange wir seiner im Herzen gewahr sind.
Es ist, wie es ist
und wenn sich etwas gerade nicht angenehm anfühlt,
dann ist das eben die Wahrheit dieses Moments.
Es gibt keine Garantie und keinerlei Versprechen, dass sich alles immer angenehm anfühlen sollte.

Warum dann an unrealistischen Erwartungen an das Leben festhalten, anstatt es zu umarmen?

Warum immer wieder versuchen, manche Gefühle unserem Selbstbild anzupassen, obwohl das offensichtlich nie gelingt?

Warum lieber über Gefühle nachdenken, anstatt ihre Schönheit und Lebendigkeit unmittelbar zu erfahren?

Zumal sich die Wahrheit auch nicht wirklich unterdrücken lässt. Sind wir uns ihrer nicht bewusst, teilt sich die Energie unserer Gefühle in Form von Körpersymptomen, Krankheiten, Alpträumen, Unfällen oder durch sinnloses, oft verletzendes Ausagieren trotzdem mit.

Dabei liegt eine große Schönheit in allen unseren Gefühlen. Ohne auch Trauer, Wut und Angst erfahren und in jeder Zelle durchlebt zu haben, kann sich Menschsein nicht entfalten. Gefühle sind der heilige Gral, der Ausdruck unserer tiefsten Lebendigkeit und Wahrheit. Indem wir uns von diesem Erleben abschneiden, mindern wir die Qualität und Intensität unseres ganzen Lebens und nehmen ihm seinen Sinn.

In einer Haltung des Herzens
begegnen wir allen Gefühlen mit Liebe
und finden Wege sie auszudrücken,
ohne andere dadurch zu verletzen oder zu beschuldigen,
sie seien für unsere Gefühle verantwortlich.
Wir folgen unserer Wahrheit im Vertrauen darauf,
dass sie zum Besten für alle Beteiligten führt.

Und indem wir an keinem Gefühl festhalten, erfahren wir, dass wir keines unserer Gefühle sind. Gefühle steigen auf und vergehen, doch bleibt die Stille des Herzens stets unberührt.

Welche Gefühle möchte ich jetzt lieber verdrängen?

Wo in meinem Körper fühle ich diese Gefühle?

Welche Körperempfindungen sind damit verbunden?

Wann und wo habe ich dieses Gefühl zum ersten Mal gefühlt?

Was liegt unter diesem Gefühl?

Ist es möglich, dieses Gefühl auszudrücken, ohne einen anderen dadurch anzugreifen oder Schuld an meinem Gefühl zu geben? Nur mitteilen, was ich gerade fühle, ohne eine Geschichte, Analysen oder Schlussfolgerungen damit zu verbinden?

EXISTENTIELLE GEFÜHLE

In der Landschaft unserer Gefühle gibt es verschiedene Bereiche.

Da sind zunächst solche Gefühle, die uns vertraut und bewusst sind. Sie werden nicht als bedrohlich erlebt. Einige davon gehören zu der Maske, die wir gerne der Welt präsentieren, weil wir uns dadurch Annahme und Liebe erhoffen.

Darunter liegt eine Schicht von Gefühlen, die das kleine Ich als negativ und unangemessen erlebt. In ihnen vermutet es den Grund dafür, warum es sich nicht geliebt fühlt. Deshalb tut es alles, um diese Gefühle zu verdrängen oder auf andere zu projizieren.

Während wir uns also meistens mit der Maske identifizieren und gelegentlich vage bewusst sind, dass darunter andere Gefühle auf ihre Chance warten, gibt es Bereiche, die oft gänzlich außerhalb unseres Bewusstseins existieren und gleichwohl großen Einfluss auf unser Leben haben. In ihnen lauert die primäre, tiefste Schicht der Angst. Zu ihr gehört die Angst vor dem Nichts, also dem vollständigen Erlöschen im Tod, ebenso wie extreme Zustände von Ausgeliefertsein und Vernichtung. Auch abgrundtiefe Einsamkeit, das Gefühl des unüberbrückbaren Getrenntseins, sowie Sinnlosigkeit steigen aus diesen Regionen auf.

Sie liegen wie ein dunkler Ring um das Herz und entstanden in einer Zeit, in der wir keinen anderen Weg fanden, mit diesen existentiellen Gefühlen umzugehen, als uns davon abzuspalten.

Auch diese Gefühle wollen gefühlt und angenommen sein. Wo das nicht geschieht, brauchen wir viel Lebenskraft, um die existentiellen Gefühle zu verdrängen und die Maske hochzuhalten und bleiben durch die daraus resultierende Schwäche ein Leben lang in der Blase des kleinen Ichs gefangen.

Andererseits vertieft sich unser Menschsein mit jedem Atemzug, in dem wir mit offenem Herzen unsere tiefsten Gefühle umarmen.

Wenn wir den Wurzeln von Angst und Schmerz in uns begegnen, ergreift uns eine unbeschreibliche Liebe zu uns selbst, zur menschlichen Natur, zur gesamten Schöpfung. In unserem eigenen Kampf, in unserer Verwirrung erkennen wir den Kampf und die Verwirrung aller Menschen. Wir erkennen aber auch paradoxerweise die unendliche Schönheit, die sich darin offenbart. Die Liebe wird dann manchmal überwältigend.

Der Schrecken, der uns zuerst darüber befällt, dass wir so starke und bedrohliche Gefühle haben, wird allmählich abgelöst durch Kraft und genug Vertrauen, um ihnen beizustehen.

Darin liegt unsere Wahl. Sie öffnet den weiten Raum des Herzens, indem der Schrecken, die Trauer und das Verlassensein einen Platz finden. Wir hoffen nicht darauf, dass die Gefühle verschwinden oder wir uns besser fühlen - nichts verschwindet, nichts muss geschehen. Stattdessen nehmen wir die Gefühle und auch den Widerstand, den wir gegen sie haben, immer wieder an und erkennen uns als die Liebe, der alleine das möglich ist.

Manchmal drücken wir Emotionen aus, toben, singen, schreien, weinen . . .

Manchmal brauchen wir einen anderen Menschen, der bei uns ist, wenn wir uns unseren verborgensten Gefühlen, unserer größten Verletzlichkeit nähern. Oder ein ganzes Netz der Liebe und Unterstützung.

Manchmal führt uns das Leben durch Jahre der Vorbereitung und Stärkung, bis wir uns den dunkelsten Schichten der Angst stellen können.

Manchmal begegnen wir dem Schrecken ohne Vorwarnung. Er bricht in unseren Alltag ein und uns bleibt keine Möglichkeit mehr, ihm auszuweichen oder uns vorzubereiten. Die einzige Wahl besteht dann darin, dem Leben zu vertrauen und alles Beharren auf unseren Vorstellungen, wie die Dinge zu sein haben, aufzugeben. Selbst in den dunkelsten Stunden, auch wenn wir vor Angst die Augen gerade ganz fest zugekniffen haben, ruhen wir im Herzen Gottes.

Es braucht Kraft, Stille und die Erfahrung von Ewigkeit, um der fundamentalen Angst und den damit verbundenen Gefühlen achtsam und heilend zu begegnen.

Es ist überhaupt nur in unserem Herzen möglich, indem wir immer wieder sanft in unseren Körper spürend mit der Angst in Beziehung treten und gleichzeitig das Herzgewahrsam aufrechterhalten. Selbst die schmerzlichsten Gefühle treten nur an einen bestimmten Ort im Körper auf. Sie sind lokale körperliche Erfahrungen, die einen Anfang und ein Ende haben; begrenzt in Raum und Zeit, während Bewusstsein unendlich ist.

Wann und wo immer ein Mensch sich seiner tiefen Angst stellt und sie dadurch in Liebe verwandelt, tut er dies nicht nur für sich. Er wirkt für alle Menschen, denn auch die Angst, wie alles Sein, kann nicht getrennt werden und ist Teil unseres gemeinsamen Bewusstseins. Das, was einer trägt, erträgt er für uns alle. Oft lassen wir Menschen gerade dann alleine, wenn sie mit der Angst um wahrhaftiges, lebendiges Menschsein kämpfen. Wir verschanzen uns in der Festung des kleinen Ichs hinter Gleichgültigkeit, klugen Ratschlägen oder Rettungsversuchen und der heimlichen Hoffnung, wir mögen von diesem Kampf verschont bleiben. Doch er erreicht uns alle. Unausweichlich und spätestens in der Stunde des Todes. Nehmen wir den Kampf erst an, können wir ihn nicht mehr verlieren, doch wenn wir ihm ausweichen, haben wir nicht wirklich gelebt.

Erlebe ich bedrohliche Zustände und Gefühle?

Wo in meinem Körper?
Wie genau nehme ich sie wahr?

Kann ich akzeptieren, dass sie da sind?

Welche Empfindungen, Bilder, Phantasien, Eindrücke sind damit verbunden?

Ist mit bewusst, dass ich größer bin als jedes Gefühl, weil ich es wahrnehmen kann? Kann ich dieses Gefühl etwas mildern und weniger bedrohlich machen, indem ich noch sanfter dorthin atme, ohne die achtsame Beziehung zu ihm aufzugeben?

Kann ich hier etwas Mitgefühl für es aufbringen, es annehmen?

Bin ich bereit, mir Hilfe und Unterstützung zu suchen?

BEZIEHUNGEN

Angst betrachtet Beziehungen und die damit verbundenen Gefühle in einer Rangfolge des Nutzens. Wichtig sind dabei jene Beziehungen, die ihr Weltbild unterstützen und es ihr dadurch erlauben, sich als bedeutend und getrennt zu erleben. An solchen hält sie fest und wählt sie immer wieder, selbst wenn sie schmerzvoll, unbefriedigend und einschränkend sind.

Das Wesen dieser Beziehungen ist paradox: Sie beruhen auf der Illusion der Trennung und halten sie verbissen aufrecht. Gleichzeitig führt die Sehnsucht nach Überwindung der Trennung dazu, sich in gegenseitige Abhängigkeiten und Rollenspiele zu verstricken. Wir glauben, ein Anderer könnte uns zurückgeben, was wir nie verloren haben. Die Angst spricht dann von Liebe, doch sie meint Bedürftigkeit.

Das Herz
hat nur eine Beziehung
mit der Vollkommenheit
des gegenwärtigen Moments.
Es braucht nichts und niemanden,
um die Liebe, die es fühlt, zu rechtfertigen.
Sie gilt doch immer nur dem Einen.

Weil es in allem nur das Eine sieht,
heiligt und heilt das Herz alle Beziehungen.
Auch die zu den ängstlichen, unerlösten Anteilen in uns.
Das Herz denkt nicht in Kategorien
von Nützlichkeit der Beziehungen,
sondern wendet sich voller Hingabe, Neugier
und ohne Urteil dem zu, was gerade ist:
der Gegenwart eines anderen Menschen,
einem Gefühl,
auch einem zögerlichen oder lange unerwünschten,
einem verspannten Muskel, der sich meldet,
einer Arbeit oder einem Projekt,

dem Gesang eines Vogels vor dem Fenster,
dem Vergehen, dem Tod und dem Nichts,
einer liebevollen Geste oder dem Schmerz,
der Anmut, Schönheit und Hässlichkeit,
einer Tasse Tee.

Alles ist ein Bote des Einen, alles ist das Eine,
nichts wichtiger als irgendetwas anderes.

Während die Angst versucht, in Beziehungen Sicherheit zu finden, öffnet sich das Herz voller Vertrauen und Hingabe dem sich entfaltenden Wunder des Lebens.

Da.

Gerade jetzt.

Wie nützlich ist mir diese Beziehung?

Wie fühlt es sich an, in dieser Beziehung Schuldner oder Gläubiger, Täter oder Opfer zu sein? Was habe ich davon?

Wie wandelt sich diese Beziehung, wenn ich sie durch die Augen des Einen betrachte?

BEDÜRFTIGKEIT

Das kleine Ich spürt, dass es etwas verloren hat, dass es nicht ganz so real ist, wie es sich ständig einredet. Es sucht, weiß allerdings nicht wonach, weil das, was es sucht, außerhalb seines Denkens existiert.

Dabei ist es unablässig bemüht, sich mit anderen kleinen Ichs zu verbinden, sich anzulehnen, abhängig zu sein oder andere abhängig zu machen. Es ist bedürftig und

Bedürftigkeit ist der Antrieb seiner Handlungen und Beziehungen.

Das Herz ist sich selbst genug. Alles umfassend, hat es keine Bedürfnisse. Auf seinen Wegen bewegen wir uns leicht und ohne Angst. Wir erschöpfen uns und andere nicht, indem wir uns anlehnen, sondern genießen die Gesellschaft ebenso, wie das Alleinsein. Nie fehlt etwas. Das was ist, ist genug.

Wir gehen im Vertrauen,
dass der Weg uns trägt
und uns gibt, was wir jetzt brauchen.
Und so ist es.
Das Notwenige findet sich,
während wir den nächsten Schritt gehen.

Wie halte ich mich hier durch den Glauben an die Wichtigkeit meiner Bedürfnisse von der Erfahrung der Wahrheit ab?

UNTERREDUNG

„Ich möchte doch nur irgendwie glücklich werden", jammert das kleine Ich.

„Glück ist nie da, wo du bist. Es ist da, wo du nicht bist", flüstert das Herz. „Denn du lebst im Werden, doch das Glück liegt im Sein."

„Das ist doch langweilig", verabschiedet sich das kleine Ich.

Wo bin ich?

LIEBESBEZIEHUNG

Im Herzen erfahren wir die Beziehung zum Leben als eine Liebesbeziehung.

Diese Beziehung ist tiefer und grundlegender als alle menschlichen Beziehungen. Unauflösbar überdauert sie Raum und Zeit. Sie ist die eine Beziehung nach der wir immer suchen, unsere große Liebe. Sind wir uns ihrer bewusst, lösen sich Suche und Suchende darin auf. Es ist nicht mehr so wichtig, dass sich unser Wille und unsere Wünsche erfüllen. Es ist nicht so wichtig, zu wissen, was die Zukunft bringt. Es ist nicht so wichtig, ob wir Schmerzen und Schwierigkeiten haben.
Wichtig ist dann alleine, gegenwärtig zu sein, das Leben zu lieben und das Wunder zu erfahren, vom Leben geliebt zu werden.

Dabei bietet jeder Moment, jeder Verlust, jede Krankheit, jeder Misserfolg und jede Freude eine Möglichkeit, alte Vorstellungen und Erwartungen aufzugeben und in diese größere Wahrheit hineinzuwachsen. So verletzlich, neugierig und vertrauensvoll wie möglich.

Jeder Mensch hat diese primäre Beziehung viele Male erfahren. Für uns alle gibt es Momente und Phasen, in denen wir grundlos einverstanden sind, mit dem was ist. Dann kämpfen wir nicht länger gegen das Leben, sondern leben es; spüren Kraft, Freude und ein Gefühl des Getragenseins.

Jenseits der üblichen Dualität von Gut und Böse erwachen wir zu einer tieferen Ebene des uneingeschränkten „JA".
Wir werden demütig, weil wir erkennen, dass es ein größerer Wille ist, der sich durch unser Leben ausdrückt. Gleichzeitig wissen wir intuitiv, dass dieser

Wille auch der unsere ist. Alle vom Verstand geschaffenen Dualitäten und Gegensätze sind aufgehoben und eine wunderbare, schlichte Klarheit erfüllt uns. Es gibt keinen Zweifel mehr. Was immer jetzt geschieht, ist gut, auch wenn es nicht mit den Wünschen und Bedürfnissen der Angst übereinstimmt.

Wir sind nie woanders, als mitten in der wunderbarsten Liebesbeziehung.

Wann und wo bin ich in einer Liebensbeziehung zum Leben?

Wo erfahre ich Lebendigkeit und wo Trennung?

Kann es sein, dass alles, was geschieht, mein Wille ist?
Kann es gleichzeitig sein, dass alles, was geschieht, der Wille des Einen ist?

≈

TUN UND NICHT-TUN

HIER UND DORT

Das kleine Ich ist immer dort.

Irgendwo dort draußen, auf der Suche nach etwas, das ihm hilft, sich besser zu fühlen. Diese Suche ist endlos, weil es durch sein Suchen erst hier und dort, drinnen und draußen und damit all das schafft, wodurch es sich schlecht fühlt.

Selbst wenn es scheinbar etwas Trost und Linderung erfährt, führt sein Beharren auf der Illusion der Getrenntheit dazu, dass es nie Friede findet. Erfüllt sich tatsächlich einer seiner vielen Wünsche, mag es sich für kurze Zeit am Ziel seiner Träume wähnen. Doch schon bald verblasst das Hochgefühl und die tiefe Verzweiflung über die Leere, die es in sich spürt, verlangt nach einer erneuten Betäubung durch eine neue Suche.

Das Herz ist immer nur hier.

Denn die Wirklichkeit kann nur jetzt
in diesem Moment gefühlt werden.
Das, was wir suchen, finden wir nur hier,
an keinem anderen Ort.
Es schon immer da gewesen.

Wo bin ich gerade?

Woher komme ich?

UNTERREDUNG

„Es muss doch einen Weg geben, sich endlich besser zu fühlen und seine Probleme dauerhaft zu lösen", sinniert endlos das kleine Ich.

„Dein Suchen nach Lösungen und Auswegen ist das einzige Problem. Ohne suchendes Ich kein Problem – nur Handlungen, keinen Handelnden", bleibt das Herz unbekümmert.

Wer handelt?

Was bleibt unberührt von allem Suchen?

HANDLUNGEN

Handlungen werden entweder von der Angst initiiert und wiederholen ein Muster, dass wir in der Vergangenheit gelernt haben, um die Zukunft sicherer zu gestalten. Sie sind dann oft logisch, vernünftig, sozial akzeptabel, bemüht, politisch korrekt . . .

und verstärken das Chaos und die Verrücktheit, welche die - vom kleinen Ich geschaffene - Welt auszeichnet.

Oder Handlungen entspringen dem Gewahrsein und damit der Fähigkeit das Jetzt intuitiv und fühlend wahrzunehmen und ihm mit ganzem Herzen zu antworten. Sie sind manchmal unlogisch, unvernünftig, gesellschaftlich unakzeptabel, anstrengend, politisch unkorrekt . . .

aber auch inspirierend, integrierend und erfüllend.

Entspringt diese Handlung tatsächlich einer Wahl?

Wer hätte sich anders entscheiden können?

MENSCH DENKT, GOTT LENKT

Das kleine Ich besteht aus Worten und Gedanken und es definiert seine Identität durch sein Tun: Durch das, was es macht und durch die Erfahrungen, die es mit dem Machen verbindet. Unvorstellbar, dass das Leben weitergehen könnte ohne das ständige Bemühen des kleinen Ich. Ohne sein Wollen, ohne seine Wünsche, ohne seine Erklärungen und Anstrengungen. Es erfährt sich als der Macher und Lenker, als wichtigstes Element in seinem Spiel.

Je mehr wir uns mit dem kleinen Ich identifizieren, desto mehr starren wir auf das Tun, die Ergebnisse, die Ziele. Wir sind, weil wir etwas tun. Doch ist das wirklich so? Und was geschieht, wenn uns durch Krankheit oder einen anderen Umstand das Machen, ja sogar die Worte genommen werden? Was bleibt? Wer bleibt dann übrig?

Das Sein ist jederzeit vollkommen.
Es kann durch Umstände und Lebensbedingungen
nicht bedroht oder eingeschränkt werden.

Je tiefer wir uns auf die Beziehung mit dem Sein einlassen, je mehr wir von dem Wunder der Gegenwart kosten, desto weniger erfahren wir uns als Tuende und desto mehr als das Tun selbst. Das Leben handelt durch uns hindurch: Handlungen geschehen, doch da ist niemand mehr, der Urheberschaft dafür beansprucht, sich damit identifiziert sowie Erfolge und Misserfolge für sich reklamiert. Urheber und Medium, Schöpfer und Geschöpf, Handlung und Handelnder sind eins.

Wir sind die Bewusstheit des Lebens – ohne Urteile, Erwartungen und Vorlieben und voller Entzücken.

Wer bin ich, wenn ich mich nicht mit meinen Handlungen identifiziere?

Habe ich hier wirklich alles unter Kontrolle?

UNTERREDUNG

„Euer Leben liegt in unserer Hand. Euer Heer ist erschöpft und weit unterlegen. Wenn Ihr Euch nicht ergebt, werdet ihr morgen in der Schlacht sterben", versuchte der Unterhändler den König zur Vernunft zu bringen.

„Mein Leben liegt ausschließlich in der Hand des allmächtigen Gottes. Was immer geschieht, ist richtig, weil es geschieht. Es geht mich nichts an", sprach der König.

Wer gewann die Schlacht?

Ist es möglich, das Beste zu geben, ohne mit den Handlungen und ihren Ergebnissen identifiziert zu sein?

DER MEISTER UND DIE RABEN

Es ist die Einheit, die uns mit allem versorgt, was wir zum Leben brauchen. Es kommt zu uns durch viele Hände, die alle die eine Hand Gottes sind.

Das Herz weiß das und lebt in völligem Vertrauen. Das Sein sorgt für uns, nicht unsere Sorgen, nicht das Bemühen oder die Angst. Alles was wir tun können, ist, uns auszurichten und Vertrauen zu wählen, selbst wenn uns vor Angst die Knie schlottern.

Davon sprach vor vielen Jahren ein Meister und fragte die an einem Berg versammelten Menschen, wer von ihnen durch Sorgen sein Leben auch nur um einen einzigen Tag verlängern könne. Die Menschen gingen schweigend auseinander.

Nur zwei Raben hüpften über den verlassenen Ort,

weil ihnen die zurückgelassenen Essensreste ein fürstliches Mal boten.

Ist es möglich, der ständigen Überlebensangst gewahr zu sein und gleichzeitig dem Leben mehr und mehr zu vertrauen?

GOLDSTÜCKE

Es gibt eine alte Geschichte:
Ein Mann hat ein Goldstück. Es muss reichen für ein Jahr, so glaubt er. Der Mann grübelt, wie das Goldstück am besten zu verwenden sei. Sein Denken kreist ohne Unterlass um diese Frage. So wird das Goldstück zu allem, was er hat. Er kann nicht mehr leben ohne es.

Ein anderer Mann hat ebenfalls ein Goldstück. Fröhlich bittet er Gott darum, es für ihn zu verwenden. Gott schenkt ihm weitere tausend Goldstücke.

Welche Rolle spielt jetzt das eine Goldstück?

ANREGUNG: WAS TUN?

„Was soll ich jetzt tun?", fragt das kleine Ich.

„Nichts. Oder dem folgen, was sich gut anfühlt", antwortet das Herz.

„Was fühlt sich gut an?"

150

„Wahrheit fühlt sich gut und richtig an. Schönheit auch. Mitgefühl, Liebe, das Loslassen alter Angelegenheiten und neuer Sorgen, auch Freude, Begeisterung, Leidenschaft und Hingabe fühlen sich prima an. Oder Leichtigkeit, Fließen und Mühelosigkeit, Humor und Lachen. Schön sind auch Lebendigkeit, ein Kribbeln, ein Schauer den Rücken entlang und ein Schluck Wasser. Oder wie wäre es mit Integrität, Selbstachtung, Achtsamkeit, einem Gefühl von Weite, Stille und dem ersten Strahl der Morgensonne? Glücklichsein ist cool, und spontanes Wissen, Intuition, Zärtlichkeit, Friede, Gelassenheit, Losgelöstheit, Kreativität, Spielen, Träumen, Erfüllung, Entschlossenheit, Zentriertheit, Demut, Einfachheit, Annahme, die Reinheit dieses Moments . . . ."

„Schon gut. Was soll ich also tun?"

„Das größere Sein schickt unaufhörlich Zeichen, Empfindungen, Gefühle, Hinweise. Immer gibt es ein Zeichen und ein damit verbundenes Tun, das uns zur Liebe führt."

Kann ich dem folgen, was sich hier gut anfühlt?

Ist es hier möglich, das zu leben, was ich liebe und das zu lieben, was ich lebe?

AUFGABEN

Wenn wir der Gegenwart mit Hingabe und Achtsamkeit begegnen, finden uns die Aufgaben, die das Leben für uns vorgesehen hat.

Anders ausgedrückt:

Das,
was wir gerade tun,
ist unsere wichtigste Aufgabe.

Nehmen wir
die Herausforderung des Augenblicks bewusst an,
ohne uns von Befürchtungen und Hoffnungen
ablenken zu lassen, geschieht immer das Richtige.
Wir müssen nur das Bedürfnis des kleinen Ich aufgeben,
darüber bestimmen zu wollen, was das Richtige ist.
Wir sind immer zur richtigen Zeit am richtigen Ort.
Wo das bewusst wird, wurzeln wir im Vertrauen
und nicht länger in der Angst.

Auf einer viel tieferen Ebene als der des Denkens erfahren
wir von daher das Leben - allmählich und über alle
Dualitäten hinaus - als sinnvoll und gut. Ein ganz
fundamentales, in jeder Zelle spürbares Einverstandensein
stellt sich ein:

Wir sind der Sinn des Lebens,
sein Grund und seine Blüte zugleich.
Unser Sein ist das Wesentliche.

Kein irgendwie geartetes Tun kann dem etwas hinzufügen
oder wegnehmen. Es geht nicht länger primär darum, dass
unsere Ziele und Erwartungen erfüllt werden, sondern
darum, in der tiefen Kommunion mit dem Sein zu ruhen.
Wenn wir beten, dann nicht um etwas zu bekommen,
sondern darum, immer wieder erkennen zu dürfen, dass das,
was ist, das jetzt gerade Notwendige ist.

Das Leben wirkt und handelt natürlich immer
durch uns. Das was geschehen soll, geschieht. Doch sind
wir viel weniger auf die Handlungen und ihre Ergebnisse
fixiert oder versucht, in irgendeiner Weise Kontrolle
ausüben. Nichts muss jetzt noch geschehen, und alles ist
möglich.

Wir geben uns ganz in die Hände des Unvorhersehbaren. In dem Eingestimmtsein auf das Sein findet uns unsere Bestimmung. Sie ist das Offensichtliche, das Naheliegende, das, was bleibt, wenn wir uns von allen Erwartungen, die das kleine Ich daran knüpft, immer wieder lösen.

Wie kann ich Erfüllung finden in dem, was ich gerade tue?

Folge ich hier meinem Herzen, oder übernommenen Erwartungen und Konditionierungen?

VOLLKOMMEN, NICHT PERFEKT

Dieser Augenblick
atmet Vollkommenheit.
Er ist, wie er ist
und vergleicht sich nicht mit etwas anderem.

Da das Sein nie weniger sein kann,
als allumfassend,
ist es immer und überall vollkommen.

Wir sind immer und überall vollkommen.

Der Verstand versteht das nicht, doch das Herz erkennt es als Wahrheit. Vollkommenheit erfährt sich im Herzen.

Das kleine Ich ersetzt das verlorengegangene Gespür für die Vollkommenheit und Kostbarkeit des Jetzt durch die Suche nach Perfektion in der Zukunft: Irgendwann, wird alles perfekt sein. Dann werde ich glücklich sein und geliebt werden. Die Welt wird dann einsehen, wie wunderbar ich bin. Irgendwann wird der

Schmerz verschwunden sein. Irgendwann werden alle begreifen, dass ich doch recht habe. Irgendwann wird die Welt genauso sein, wie ich sie haben will. Ich muss nur noch den richtigen Dreh finden.

Natürlich kommt es nie soweit. Wir erreichen nie den perfekten Zustand unserer Zukunftsphantasien, während das Phantasieren uns davon abhält, die Gegenwart zu erfahren. Perfektion ist eine Erfindung des kleinen Ich und damit genauso irreal wie sein Erfinder selbst. Perfektion ist ein Trugbild.

Es ist äußerst entspannend, die Peitsche der Perfektion aus der Hand zu legen und sich der Realität des Hier und Jetzt zuzuwenden. Hier erfahren wir Mitgefühl für uns und andere, Lachen, Vertrauen in das Größere und verlieren jede Angst vor dem Scheitern, weil wir schon vollkommen sind. Jetzt tun wir, was gerade getan werden will und das so gut und achtsam, wie möglich.

Das Leben
kann in keinerlei Vorstellung
darüber gepresst werden,
wie es perfekterweise zu sein hat.
Es kann nicht kontrolliert
und für die Zukunft geplant,
sondern nur in der Gegenwart erfahren werden.

Alles Notwendige, alle Schönheit, alle Vollkommenheit ist jetzt hier. Alle Wege öffnen sich jetzt. Mit diesem Atemzug.

Wie teilt sich Vollkommenheit in diesem Augenblick mit?

Wie hält mich hier der Wunsch nach Perfektion von Lebensfreude, Verbundenheit und Austausch ab?

UNTERREDUNG

„Ich soll vollkommen sein? Was ist mit den vielen Malen, in denen ich versagt habe, in denen alles schiefgegangen ist und ich mich und andere bitter enttäuscht habe? Da war nichts vollkommen, das hat nur wehgetan."

„Alles, was du tust, so verwirrt und enttäuschend es auch erscheinen mag, führt letztlich nur zu dem, was du schon bist – Sein, das in sich selbst erwacht. Was kann da je unvollkommen sein?"

„Das verstehe ich nicht."

„Macht nichts. Auch Nicht-Verstehen ist vollkommen."

Kann ich jetzt, über meine Urteile, Erwartungen und Konditionierungen hinaus, die Vollkommenheit dieses Moments berühren?

GESCHICHTE VOM STRASSENFEGEN

Ein Mann kehrt die Strasse. Es ist Herbst. Wie jeden Samstag kehrt er die Straße und wie jeden Samstag ist Makellosigkeit sein einziges Ziel.

Seine Aufmerksamkeit ist ganz auf die Aufgabe gerichtet. Das rhythmische Kehren sammelt seinen Geist und beruhigt seine Gedanken. Er gibt sich dem Ablauf der notwendigen Bewegungen hin, genießt den kleinen Tanz mit dem Besen.

Da lösen sich das Tun des Straßenkehrens und die subtile Wahrnehmung einer größeren Wirklichkeit ineinander auf. Niemand der kehrt, niemand der das Kehren wahrnimmt.

Nur kehren.

Der Mann schaut zurück auf die so sorgfältig ausgeführte Arbeit.

Ein plötzlicher Windstoß bläst durch die Bäume am Straßenrand und wie kleine Fallschirme segeln die Herbstblätter zur Erde.

„Ah, wie wunderschön." Er lächelt, während er langsam Besen und Eimer in den Schuppen trägt.

Kann Handeln geschehen, ohne ein bestimmtes Ergebnis zu erwarten?

Wer bewegt den Besen, wer die Blättert?

TUN...

Das kleine Ich steht nie still.

Dafür hat es zu wenig Vertrauen. In Stille sein, bedeutet Unsicherheit und Auflösung.

Selbst wenn der Körper ruht, dreht sich das Angstdenken meist weiter. Und auch der Körper erscheint nur still, er ist es nicht. Er kann sich nicht entspannen, weil jeder Gedanke sich unmittelbar im Körper manifestiert – Geist und Materie sind nicht getrennt.

Das Unvermögen, still zu sein - ohne Plan, ohne Erwartung, ohne an die Zukunft zu denken – zwingt das kleine Ich, ständig etwas tun zu müssen. Nur durch Tun kann es seine Existenz rechtfertigen, sich wichtig und unentbehrlich fühlen und der Frage ausweichen, wer das eigentlich ist, der da immer zu tun hat.

Das kleine Ich arbeitet, grübelt, sorgt, zweifelt, urteilt, verbessert, verschanzt, schützt, plant, vergleicht, poliert, schrubbt, verreist, sammelt, sucht nach Beziehungen, bestätigt, unterhöhlt, wird erleuchtet oder zumindest ein besserer Mensch ... es ist bereit, alles zu tun, außer sich dem Moment zu öffnen und wahrzunehmen, was ist.

Die Angst flüstert uns ein, dass wir uns ständig absichern und schützen müssen und nur Narren ihrem Herzen und dem Leben vertrauen. Ironischerweise geschieht häufig das, wovor wir Angst haben, trotz allen Tuns und zwar umso wahrscheinlicher, je mehr wir kämpfen, um es zu verhindern.

Der weitaus größte Teil unserer Anstrengungen führt lediglich zu mehr Tun, Hektik und neuen Anstrengungen. Aus jedem scheinbar gelösten Problem entstehen zwei neue. Aus der Sicht der Angst heraus erfüllt dieser Kreislauf damit zu hundert Prozent seinen Zweck, indem er uns von uns selbst ablenkt. Aus der Sicht des Herzens ist jedes Tun der Angst sinnlos.

Wenn wir im Herzen zentriert sind, geschieht immer noch das zum Leben Notwendige. Wir leiden keinen Mangel. Im Gegenteil, oft erblüht das, wonach wir uns immer gesehnt haben. Doch sind es weniger wir, die handeln, sondern wir erleben das Wirken von etwas Größerem, Unfassbaren durch uns hindurch. Wir lassen es geschehen, lösen uns von dem Beharren auf unserer Wichtigkeit und erleben, wie jeder Moment für sich selbst sorgt.

Ohne den, der vergleicht, ist jede Handlung, jedes Tun oder Nicht-Tun von gleicher Wichtigkeit. Das Geschirr spülen, ein Buch schreiben, den Müll lehren, ein Autorennen im TV anschauen, den Regenwald retten oder einfach spurlos verschwinden – all das geschieht, doch es ist niemand da, der es mit etwas anderem vergleicht oder behauptet, alles muss einen Sinn machen über das hinaus, was es gerade ist.

Das Herz lädt dazu ein, den Blick zu weiten, ruhiger und gelassener zu sein und die untrennbare Verbundenheit mit dem Ganzen wieder zu erfühlen.

Kann ich jetzt mein Bestes geben, ohne Erwartung, ohne Hoffnung? Wie fühlt sich das an?

Handele ich hier aus Angst oder aus dem Herzen?

Tue ich dies, um meine Existenz zu rechtfertigen und um Gefühlen der Leere, Sinnlosigkeit oder der Angst vor dem Tod auszuweichen?

... UND NICHT-TUN

Wir sind vollkommene Wesen – jetzt.
Wir können nicht vollkommen werden.

Kein Tun und kein Nicht-Tun kann daran etwas ändern. Wohin können wir gehen, was tun und erreichen, wenn wir bereits alles sind? Das Leben erwartet von uns nichts anderes, als einfach nur zu sein.

Für die Vollkommenheit, die wir sind, ist jede Erfahrung, alles was wir tun, nicht tun, erleben oder versäumen einfach nur das: eine Erfahrung.

Es gibt in der Wirklichkeit nichts, das über irgendeine Erfahrung urteilt, sie ablehnt oder daran zweifelt. Nur der Verstand urteilt und trennt. Das eine Sein, in dem jede Erfahrung anfängt und endet, vergleicht nicht und besteht weder auf Wertigkeiten noch auf Hierarchien.

Aus der Sicht des Herzens, müssen wir nicht um unser Leben und die Befriedigung tatsächlicher oder eingebildeter Bedürfnisse kämpfen. Es genügt, uns diesem Augenblick zu öffnen und ihn, mit allem was dazu gehört als unsere innerste Wahl zu umarmen. Unfehlbar geschieht dann das Richtige.

Wir können experimentieren und das Vertrauen in die Weisheit und Fürsorge des Seins etwas stärken, indem wir uns bewusst Zeit für das Nicht-Tun nehmen:

Es hat etwas äußerst lebendiges und entspannendes, für den gewählten Moment alle Erwartungen und Ansprüche zur Ruhe kommen zu lassen. Können wir mit der Stille in Berührung sein, die unter all dem liegt? Will sich dann etwas durch Gebärden, Bewegungen, Geräusche oder Handlungen ausdrücken, lassen wir es geschehen, ohne nach Sinn, Zweck oder Nutzen zu fragen und ohne dem analysierenden, begrenzenden Denken zu erlauben, diese Impulse zu überlagern.

Ist es möglich, diese Haltung im Alltag zu praktizieren und unser Tun nicht dem Verstand, sondern dem Nicht-Tun der Stille entspringen zu lassen?

Geschieht es, bemerken wir dabei etwas Wunderbares: Die Welt geht nicht unter. Wir gehen nicht unter, wenn wir das ständige Bemühen um Kontrolle und Einflussnahme aufgeben. Immer noch geschehen Handlungen, schlägt unser Herz, haben wir Hunger und essen. Immer noch haben wir genug Geld oder auch nicht, immer noch sind wir eingebunden in ein vielgestaltiges Netz von Beziehungen. Es geht uns nicht schlechter, meist fühlen wir uns sogar entspannter und aufgehobener, wenn wir uns weg von der Angst und hinein in das Vertrauen bewegen.

Vertrauen zu wählen,
stärkt unsere Beziehung zum Mysterium.
Wir erkennen,
dass alle Freude, aller Schmerz
aus der einen Quelle entspringen,
dass nichts außerhalb der Einheit existiert

und dass wir diese Einheit sind.

Es ist so, als kommunizieren wir ständig mit Gott, der uns in allen Menschen, Begegnungen, in der Natur, Tätigkeiten und Ereignissen erscheint und dem wir erscheinen. Da ist nur ein Sein, welches sich in unendlichen Formen, Wandlungen und Erfahrungen selbst begegnet.

Wir können darin nie verloren gehen oder etwas verlieren, so sehr wir uns auch anstrengen.

Dämmerung, Stimmen auf dem Hof, Atem, frische grüne Frühlingsblätter, blinkendes Telefon – fehlt irgendetwas an der Vollkommenheit dieses Augenblicks? Sorgt er nicht für sich selbst?

Wenn „ich" nicht handelt, wer handelt dann? Gibt es eine Weisheit jenseits des Verstandes?

UNTERREDUNG

„Ich hoffe, alles geht gut und wird endlich besser", hofft das kleine Ich.

„Du hoffst und zweifelst, du wägst ab und schacherst, du tust und rennst, doch wenn all das für einen Moment zur Ruhe kommt, stehst du immer noch dort, wo du begonnen hast und enden wirst: alleine am Abgrund deiner Angst.

Spring und erfahre im Fallen, dass alles von den mächtigen Flügeln der Liebe getragen ist."

„Später!", murmelt das kleine Ich und schaudert.

Wann?

ANREGUNG: SPAZIERGANG INS UNBEKANNTE

Können wir uns Zeit nehmen und vor die Haustür treten? Jetzt einfach unsere Nase folgen, ohne Plan, ohne Verabredung, ohne Ziel?

Lassen wir uns von Zeichen, Zufällen und Einfällen leiten, von einem Windhauch vielleicht oder einem bunten Straßenschild in weiter Ferne, einem Geruch oder einer offenen Tür.

Kein Plan, kein Ziel.

Können wir uns unseren Körperempfindungen und Gefühlen öffnen?

Durchlässiger und achtsamer werden, für die Botschaften, die dich erreichen?

Wir können uns vorstellen, dass das ganze Universum mit uns kommuniziert und sich unserer Anwesenheit bewusst ist.

Tief im Inneren wissen wir, dass es so ist. Wir bilden mit allem Leben eine untrennbare Einheit.

Nehmen wir uns einen ganzen Tag frei und erlauben dem Sein, uns zu überraschen und zu entzücken.

Habe ich hier meinem ersten Impuls, meinem ursprünglichen Empfinden vertraut?

≈

DER MEISTER DER ABSICHTSLOSIGKEIT

Der Meister saß mit zwei seiner Schüler am Ufer eines Flusses und gedachte, seinen Lebensunterhalt mit dem Flechten von Körben zu verdienen.

Auf der anderen Seite des Flusses kam, mit großem Gefolge, ein berühmter Fakir angereist und ließ für sich ein kostbares Zelt errichten.

Jeden Tag führte der Fakir einer staunenden Menschenmenge ein neues Wunder vor. So flog er in anmutigen Pirouetten und rasanten Sturzflügen über das Zelt hinweg. Oder er wanderte völlig trockenen Fußes auf dem Fluss entlang. Oder er verspeiste einen ganzen Ochsen in sieben Stunden, einschließlich der Knochen, Hufe und Schwanzhaare.

Sein Gefolge sammelte währenddessen Geld und Gaben ein. Auch wurden, gegen einen im Grunde bescheidenen Obolus, Amulette verkauft, die, bei genauer Befolgung von lediglich 272 Vorschriften, sofortige Erleuchtung und Aufstieg in den Fakirhimmel versprachen.

Die Schüler begannen zu tuscheln und sich darüber zu unterhalten, welche Wunder ihr Meister eigentlich zu vollbringen in der Lage wäre. Der Meister flocht weiter Körbe.

An einem Tage, als der Fakir gerade vor den verblüfften Zuschauern unsichtbar geworden war, fragten die Schüler endlich: „Meister, welche Wunder kannst du eigentlich vollbringen? Was sind deine Fähigkeiten?"

Der Meister gab seine Bemühungen, einige herausstehende Weidenzweige in dem Korbgeflecht unterzubringen, vorübergehend auf und schaute die beiden an. „Wenn ich gehe, gehe ich. Wenn ich esse, esse ich. Wenn ich trinke, trinke ich und wenn ich schlafe ist es auch gut. Oder so ähnlich.", murmelte er schließlich und kratzte sich am Kopf.

Ein kleines Lächeln stahl sich auf sein Gesicht, während die Schüler stumm auf den hässlichen, löchrigen Korb am Boden starrten.

Am anderen Flussufer erschien gerade wieder der Fakir.

Was kann ich tun, um ein besserer, beliebterer, weiserer, glücklicherer Mensch zu werden?

Bin ich da ganz sicher?

Wer will sich verbessern?

SEEADLER

Ruhig ziehen die beiden Adler ihre Kreise über dem See. Ohne Hast, doch völlig sicher, dass der Fisch auftaucht. Solange man ihnen auch zuschaut, wie sie auf den Winden gleiten, jagen und ihre Jungen füttern, nie zeigen sie sich anders als aufmerksam, zentriert und völlig in sich ruhend.

Adler warten nicht auf einen Fisch so, wie wir Menschen gewöhnlich auf ein Ereignis warten: ungeduldig und in Gedanken schon mit anderen Dingen beschäftigt. Adler sind eins mit dem Wind, der sie trägt, eins mit dem See und der Landschaft unter ihnen. Ihr Vertrauen ist groß und über kurz oder lang wird sich diesem Vertrauen ein Fisch opfern. Sie klagen nicht, wenn ihre Jagd misslingt. Unbeirrt kreisen sie weiter und ruhen im Sein.

Wenn wir uns mit den Wesen der Natur verbinden, kehren wir aus der Welt der Gedanken in das Sein zurück. Für sie wie für uns besteht der Sinn des Lebens darin, Essenz zu sein, nicht darin, Essenz zu werden. Wir sind jetzt wunderbar, so wie der Adler wunderbar ist, der Fisch oder der Wind. Ihre Schönheit ist unsere Schönheit, ihr Sein ist unser Sein.

Werde ich noch oder bin ich schon?

VERWIRRUNG HEILEN II

In jeder Situation gibt es unzählige Möglichkeiten des Handelns, die gedacht werden können. Jedoch gibt es nur eine einzige Möglichkeit, die sich gut anfühlt.

Wo das kleine Ich zweifelt, weiß das Herz, was zu tun ist und teilt es in einer Bejahung, einem Gefühl der Zustimmung durch den Körper mit. Dieses Gefühl ist sehr subtil und entgeht leicht unserer Aufmerksamkeit.

Das kleine Ich beschäftigt sich lieber mit den tausend Möglichkeiten und springt wie ein kleiner Affe im Käfig von einem Gedanken zum anderen. Wenn es schließlich handelt, dann auf Grund seiner Konditionierung und seines Sicherheitsbedürfnisses entweder ignorant und bauernschlau oder voller Zweifel und halbherzig.

In seiner Wahrnehmung ist das Leben verwirrend und unwägbar, so dass es jede Entscheidung gleich wieder in Frage stellt. In seiner Sichtweise bedeutet darüber hinaus jede Entscheidung, dass man auf andere mögliche Alternativen verzichtet, selbst wenn diese nur theoretisch bestehen.

Das Herz handelt rückhaltlos, sobald es das „Ja" fühlt. Dabei gibt es kein endgültiges richtig oder falsch. Es gibt nur Handlungen, die sich jetzt gut anfühlen und solche, die von Zweifel angefressen sind. Es gibt nur das Jetzt.

164

Was tun, wenn wir keine Zustimmung in unserem Körper spüren? Nichts – entspannen und warten. Aus Handlungen, die der Angst entspringen, erwächst nur weitere Angst. Indem wir nichts tun und unserem Herzen vertrauen, stärken wir unseren Willen, uns nicht länger von der Stimme der Angst leiten zu lassen.

Was tun, wenn uns bewusst wird, dass wir aus Angst und nicht aus einem Gefühl des „Ja" gehandelt haben?
Dann sind wir dankbar für die Erfahrung. Wir werden weise und ziehen Kraft daraus, indem wir die ganze Verantwortung für unsere Entscheidung übernehmen.

Für die Vollkommenheit,
die wir sind,
gibt es keine richtigen oder falschen Handlungen.
Alles dient in vollkommener Weise dazu,
uns immer wieder vor dieselbe Wahl zu stellen:
Angst oder Liebe.

Was fühlt sich hier gut an?

Kann ich mich jetzt entspannen und meine Verwirrung annehmen, ohne ihr nachzugeben? Was geschieht?

OHNE ERWARTUNGEN, OHNE ZWEIFEL

Das Wesen der Vollkommenheit
besteht darin,
dass nichts hinzugefügt
und nichts weggenommen werden kann.

Nichts,

was wir tun oder erreichen können,
ändert etwas daran,
dass nur Vollkommenheit wirklich ist.

Die gute Nachricht ist also:
Ich bin vollkommen!
Nichts kann je schief gehen!

Die schlechte Nachricht
- zumindest für das kleine Ich - lautet:
Alles und jeder ist vollkommen!
Nichts kann je schief gehen!

Deshalb lehrt das Herz eine losgelöste und gleichzeitig ganz im Moment zentrierte Lebenshaltung: Um die Vollkommenheit wissend, lassen wir mit jedem Ausatmen alle Erwartungen und alle Zweifel los und geben uns nur dem nächsten, liebevollen Schritt hin. Er ist immer wahrnehmbar und wird ganz offensichtlich, sobald sich die Verwirrung des Verstandes im Herzen entwirrt.

Nur dieser eine Schritt. Mehr kann nicht getan, mehr kann nicht gewusst werden.

Welcher kleine, liebevolle Schritt ist hier möglich?

≈

HERZQUALITÄTEN

DIE BRÜCKE

Das kleine Ich erschafft in seiner Angst eine Welt voller Illusionen, Hast, Atemlosigkeit, Kampf, Enttäuschung und Leid.

Es ist die Welt, in der wir leben und die wir für die Wirklichkeit halten.

Das Herz umarmt diese Welt, ohne von ihr berührt zu werden. Nichts in dieser Welt kann den Frieden und die Liebe des Seins beeinträchtigen.

Vertrauen ist die Brücke aus der Welt der Angst zur raumlosen Weite des Herzens. Diese Brücke kann nur in eine Richtung begangen werden. Hinter dem Gehenden lösen sich Brücke, Welt und Ich auf.

Es hat sie nie gegeben. Und niemand kommt an.

Wer geht?

TOD

Alles,
was geboren wird,
wandert im Schatten des Todes.
Unsere Persönlichkeit,
unsere Körper
und alle unsere Beziehungen,
Begegnungen, Erlebnisse
und Lebensumstände
haben einen Anfang und also auch ein Ende.
Sie tauchen auf und vergehen, wie Schatten an der Wand.

Wir können deshalb nicht wahrhaftig leben, solange wir uns nicht der Angst vor dem Tod gestellt haben. Er zwingt uns, wesentlich zu sein oder als Narren zu sterben.

Für das kleine Ich ist nicht der Schmerz das Unakzeptable am Tod, sondern die Vorstellung von seinem Verlöschen. Es ist unwiderruflich, unausweichlich und das Ende all seiner Geschichten und Illusionen.

Wenn wir mit dem Tod in Berührung kommen, sei es durch Momente, in denen unser eigener Lebensfaden sehr dünn ist oder durch die Nähe zu Wesen, die sterben, dann trifft uns mit großer Kraft die Einsicht, dass alles, an was das kleine Ich glaubt, letztlich ohne Bedeutung ist. Alles wird vergehen und mit ihm dieses so hart und verzweifelt um seine Individualität kämpfende Ich.

Je wichtiger wir das kleine Ich nehmen,
desto weniger sind wir bereit,
der unvermeidlichen Wahrheit in die Augen zu schauen.
Je mehr wir es vermeiden,
im Angesicht unseres Todes zu leben,
desto mehr berauben wir uns
der intensiven, vibrierenden Lebendigkeit,
die seine Nähe hervorruft.

Dabei unterliegt das kleine Ich
einem fundamentalen Missverständnis:
Der Tod ist nicht das Gegenteil des Lebens.
Sein Gegenstück ist die Geburt.
Beide sind wie Tore.

Durch die Geburt strömt das Unendliche
in die Dimension von Raum und Zeit
und kleidet sich in Formen und Bewegung.
Durch den Tod fließt es zurück
in die Formlosigkeit und Stille.

Leben ist unbegrenztes Bewusstsein,

das sich selbst erfährt.
Es geht über Geburt und Tod hinaus
und hat kein Gegenteil.

Wir sind unbegrenztes Bewusstsein,
das sich in einem endlichen Körper selbst erfährt.

Dazu gehört es allerdings, den Tod bewusst zu leben. Die Gefühle von Trauer, Verlassenheit, Sinnlosigkeit, Wut und Angst, die unsere Konditionierung mit ihm verbindet, müssen gefühlt und angenommen werden. Es ist das Bewusstsein von der Endlichkeit unseres Körpers, das uns die Kraft gibt, über die Angst hinauszugehen und uns jetzt für Wege des Herzens zu entscheiden.

Wie lebendig fühle ich mich?

Ist mir bewusst, dass dieser Körper sich bald auflöst?

Welche Gefühle löst das aus?

UNTERREDUNG

„Wie kannst du nur glücklich sein angesichts der Umstände?"

„Wenn nicht jetzt, wann dann?"

An welchen Umständen halte ich fest?

Was habe ich davon?

Wer glaubt, ewig zu leben?

ANREGUNG: EIN JAHR, EIN MONAT, EIN TAG

Wenn wir den Tod nicht länger aus unserem Bewusstsein ausklammern, geben wir ihm einen Platz in unserem Leben. Er sitzt an unserer Seite, ohne dass wir wissen, wann er unseren Körper in die Formlosigkeit führt. So wird er zu einer belebenden Kraft und einem mächtigen Ratgeber.

Manchmal beschäftigt uns eine Angelegenheit, eine Beziehung oder eine Frage, ohne dass wir fähig sind, eine Entscheidung zu treffen. Dann können ein paar Fragen hilfreich sein.

So können wir uns fragen und die Antworten aufschrieben: Wenn ich nur noch ein Jahr zu leben hätte, was würde ich in dieser Angelegenheit unternehmen?

Und: Was auf dieser Liste würde ich tun, wenn ich nur noch einen Monat vor mir hätte?

Und schließlich: Was ist das Eine, das mir zu tun bleibt, wenn ich morgen sterbe?

An dieser Stelle können wir all unseren Mut zusammennehmen und unverzüglich das Eine tun.

Rät der Tod überhaupt zu einem Tun?

TOD, TEIL II

Jeder Verlust, jede Trennung erinnert das kleine Ich an den Tod. Menschen, Beziehungen, Glaube, Erwartungen, Hoffnungen, Jugend, Besitz - ständig stirbt etwas und deutet darauf hin, dass nichts von dem, was wir zu sein glauben, Bestand hat. Alles, was kommt, geht auch wieder, und zurück bleibt das Nichts.

Können wir, statt uns unablässig zu bemühen, die durch einen Verlust entstandene Leere schnell durch Neues auszufüllen, uns der Leere selbst zuwenden?

Können wir die täglichen, kleinen Erfahrungen der Vergänglichkeit bewusst als Todeserfahrung annehmen? Wie die Weisen sagen, müssen wir sterben, bevor wir sterben, um für den Tod bereit zu sein.

Als menschliche Wesen müssen wir uns einem Paradoxon stellen: Aus der Sicht der Einheit gibt es keinen Tod. Doch aus der Sicht der Dualität gibt es nichts Realeres als den Tod. Er ist die ultimative Herausforderung.

Der Verstand verzweifelt an diesem Widerspruch. In der Stille des Herzens löst er sich auf.

Kann ich diese Veränderung dankbar annehmen und gleichzeitig mit dem Unwandelbaren verbunden bleiben?

ANREGUNG: IM LEBEN STERBEN

Rufen wir uns eine Situation der Trennung, des Verlustes vor Augen: Vielleicht verlassen wir eine Wohnung, in der wir lange gelebt haben. Ein liebgewordenes Kleidungsstück ist endgültig zu alt geworden. Vielleicht endet eine Beziehung zu einem Freund, oder ein Kind zieht aus und eine Phase des Lebens geht unwiderruflich zu Ende.

Können wir uns allen Erfahrungen öffnen, die mit der Trennung und dem Abschied verbunden sind.

Was empfinden wir in unserem Körper? Wo? Wie genau? Ist es möglich, ohne Abwehr bei den Empfindungen zu erweilen, die der Gedanke des unwiderruflichen Abschieds in uns hervorruft?

Welches Gefühl ist mit diesen Empfindungen verbunden?
Wie fühlt es sich an, wenn etwas endgültig vorbei ist?

Was liegt unter dem Gefühl?
Und was darunter?

Können wir das annehmen, ohne uns dagegen zu wehren
oder die Erfahrungen zu intellektualisieren?

Indem wir der Vergänglichkeit und dem Abschied bewusst
Raum in unserem alltäglichen Leben geben, vertieft sich
unsere Beziehung zum Wesentlichen.

Was bleibt?

UNTERREDUNG

„Was ist eine gute Art zu leben?"

„Lebe in der Hand Gottes und im Angesicht des Todes."

Was ist hier wesentlich, was wirklich wichtig?

HINGABE

Jeder Moment des Lebens
ist gleich kostbar und einzigartig . . .
und in jedem Moment können wir sterben.

Deshalb gibt es keine
wichtigen oder unwichtigen Angelegenheiten.
Nicht, was wir tun,
sondern die Haltung, in der wir es tun,
zeigt unsere Beziehung zum Leben.

Das gibt uns die Freiheit, jeden Moment ganz und gar zu
erfahren und anzunehmen. Wir kommen an, indem wir das
Suchen aufgeben und finden so in allem das unendliche
Geschenk der Gegenwart Gottes. Aus der Hingabe an das
Jetzt wächst Dankbarkeit für die Schönheit des Lebens.
Den Hof fegen, Körbe in einem Warenlager beladen, einem
Kind bei seinen Hausaufgaben helfen, eine schmerzende
Schulter, die Steuererklärung, warmer Sommerwind auf der
Haut . . . es macht keinen Unterschied.

Leben geschieht immer hier und jetzt,
nie dort und später.
Später und dort sind Gedankenkonstrukte.
Sie existieren nicht in der Wirklichkeit.

Jeder Moment sorgt für sich selbst.

Kann ich hier Schönheit sehen?   *Mich jetzt der
Vollkommenheit dieses Augenblicks öffnen?*

Fehlt da noch etwas? Wirklich?

FREUDE

Alle Probleme entstehen und bestehen
ausschließlich im Denken.
Und das Denken kreist um seine Probleme
und erhält sie, ohne sie je zu lösen.

Im wirklichen Leben gibt es keine Probleme, nur Gegenwärtigkeit. Sobald wir der Strukturen des Problemdenkens gewahr werden, offenbart sich die Freude als die wahre Natur unseres Wesens: Freude ohne Ursache und ohne Gegenteil. Sie ist eine Schwingung der Liebe und deshalb ohne Anfang und ohne Ende.

Die Freude als Kompass zeigt uns einen Weg der Schönheit, der Selbstannahme und des Vertrauens. Auf diesem Weg ziehen wir Gedanken und Umstände an, die mit unserem innersten Sein in Resonanz sind und lassen alles los, was nicht wahrhaftig ist.

Das sich immer tiefere Einstimmen auf die Freude nennt die Sprache des Herzens „der Bestimmung folgen". Bestimmung ist kein festgelegtes Konzept oder ein konkretes, endgültiges Ziel. Es ist ein kontinuierlicher Prozess, der sich der Frage bedient: Empfinde ich hier Freude?

Folge ich jetzt meiner Bestimmung oder erschaffe ich ein Problem?

UNTERREDUNG

„Was ist eigentlich der Unterschied zwischen einem Problem und einer Herausforderung?"

„Probleme entstammen dem Denken und machen hässlich. Herausforderungen sind Abenteuer und führen zu einem Zustand äußerster Lebendigkeit, Spontaneität und Aufmerksamkeit. Während Probleme den Spaß nehmen, erinnern uns Herausforderungen daran, was wir sind: Freude."

Wie fühlt es sich an, diese Angelegenheit als Problem zu betrachten?

Wie ist es, in ihr genau die Herausforderung zu erkennen, die ich offensichtlich gerade jetzt brauche?

GELASSENHEIT UND VERTRAUEN

Die Einsicht, dass Probleme sich nicht durch das Denken des kleinen Ichs - das sie ja erst erzeugt - lösen lassen, entspannt.

Es kommt nicht länger darauf an, Probleme durch die erlernten Mustern der Vergangenheit zu bekämpfen. Vielmehr werden wir uns bewusst, wie das Denken sich an einen vorbeiziehenden Angstgedanken nach dem anderen klammert und ihn als Problem präsentiert, dem wir uns zuwenden sollen.

Statt diesen Mechanismus für die Realität zu halten, wenden wir uns also der Struktur des Angstdenkens selbst zu. Wenn wir der Angstgedanken gewahr sind, ohne zu reagieren und ohne uns darin verwickeln zu lassen, wird die Stille offenbar, in der jeder Gedanke auftaucht. Unser Bewusstsein verlagert sich dadurch weg von der Welt der Probleme und hin zur Beziehung mit der unbegrenzten Essenz, die sich unablässig und ohne den geringsten Widerspruch oder Zweifel selbst erfährt.

Wir sind Gott,
der sich selbst begegnet.
Unser einziges Problem besteht darin,
das vergessen zu haben.

Indem wir uns weder als den Gedanken, den Denker oder das Problem erfahren, sondern als das grenzenlose

Bewusstsein, das alles umfasst, haben wir eine Wahl, obwohl niemand da ist, der wählt: Wir können ein Problem erschaffen, indem wir uns mit dem kleinen Ich und seinen Bedürfnissen identifizieren, oder sehen, wie der Angstgedanke und das Problem weiterziehen.

Mit der Gelassenheit wächst auch das Vertrauen. Stiller werdend, achtsamer, mehr im Herzen bleibend, erfahren wir, dass es auch so geht. Die Welt dreht sich weiter, selbst wenn wir nicht wie wild an der Kurbel drehen. Wir atmen, das zum täglichen Leben Notwendige findet zu uns. Es gibt unzählige Möglichkeiten, Liebe zu geben und auf Regen folgt Sonne. Durch den Tanz der Dualitäten hindurch öffnen wir uns dem unbewegten Zentrum, aus dem heraus alle Bewegung erst möglich wird.

Statt in der Welt der Angst um das Überleben zu kämpfen, erfahren wir ein tiefes, stilles Einverstanden Sein mit dem, was ist.

Worin besteht hierin das wahre Problem?

Ist es möglich, hierin Vollkommenheit zu sehen und Vertrauen zu wählen?

Wer wählt?

DIE WAHRHEIT SEHEN

Durch die Brille der Angst schauend, erwarten wir, dass andere Menschen, die Umstände, ja das ganze Leben gegen uns sind. Das, was ist, ist auf keinen Fall das Richtige und wenn doch, dann kann es uns jederzeit wieder fortgenommen werden. Wenn nicht jetzt, dann ganz bestimmt in der Zukunft. Dementsprechend handeln wir. So entsteht die verzerrte Welt der Angst.

Herzgewahrsein bedeutet, die Wirklichkeit ohne Verzerrung wahrzunehmen. Wir sehen dann unmittelbar, dass das ganz Leben jederzeit vollständig im Einklang mit sich selbst ist: Das was ist, ist das, was wir brauchen. Und alles was ist, trägt in sich die Möglichkeit einer umfassenderen, freieren und mitfühlenderen Seinserfahrung. Diese Realisierung heilt unsere Wahrnehmung und offenbart uns die Welt als Liebe - vibrierend, freudig, unendlich, gegenwärtig, rein.

Wie begrenzen hier meine Erwartungen die Wahrnehmung der Realität?

Die Art, wie ich auf etwas schaue, bestimmt, was ich wahrnehme. Wie zeigt sich das in dieser Situation?

GLAUBE UND HOFFNUNG

Jeder Glaube und jede Hoffnung ist ein Konzept und entstammt dem Denken.
Sie sind auf eine Bestätigung durch die Zukunft angewiesen und dienen dem kleinen Ich zur Vermeidung der Gegenwart. Statt sich rückhaltlos auf das Jetzt einzulassen, glaubt es, am falschen Ort zu sein und hofft, dass es ihm irgendwann besser geht. Manchmal hilft das dem kleinen Ich durch eine Krise hindurch, in der es sich angegriffen fühlt und um seine Existenz fürchtet. Das stärkt dann seinen Glauben und seine Hoffnung, und noch mehr stärkt es das kleine Ich selbst.

Das Herz ist ohne Hoffnung und ohne Glauben,
es vertraut.

Vertrauen ist Hingabe an das Leben, so wie es sich jetzt offenbart. Vertrauen braucht keine Worte und keine Bestätigung durch die Zukunft. Es ist ein Gefühl des Verbundenseins mit der Quelle: Wenn nichts außerhalb Gottes existiert, dann ist alles, was geschieht ebenfalls Gott. Und alles, was sich als getrennt und angreifbar erlebt, erweist sich unweigerlich als Illusion.

Was braucht es mehr, als das Vertrauen, dass dieser Moment in seiner Vollkommenheit bereits alles enthält, was notwendig ist?

UNTERREDUNG

„Ich hoffe auf bessere Zeiten!"

„Während du hoffst, wer bewältigt die Gegenwart?"

Was bleibt, wenn alle Hoffnung gegangen ist?

WUNDER

Das kleine Ich hofft auf künftige Wunder und erzählt Geschichten von Wundern, die einst stattgefunden haben.

Doch insgeheim fürchtet es, dass es keine Wunder gibt, da ihm nie welche begegnen: Wunder, genauso wie die Liebe, geschehen nur in der Gegenwart. Vielleicht fürchtet es sich auch vor Wundern, denn die sind immer unerklärlich, unkontrollierbar und deuten auf etwas, das größer ist, als das kleine Ich es sich vorstellen kann.

Für das Herz ist dieser Moment ein Wunder, weil gerade eben sich ein komplettes Universum manifestiert – uranfänglich, unberührt, frisch, unbeschreiblich entzückend.

Das ganze Leben ist in jedem Atemzug
ein vollkommenes Wunder – es ist immer wunderbar.
Nicht weil wir es mögen oder nicht mögen,
sondern weil es ist.

Erfahre ich gerade das Leben als ein Wunder?

Wenn nicht jetzt, wann dann?

DAS LACHEN WÄHLEN

Auf Wegen mit Herz begegnet uns das Lachen und wir begegnen der Existenz mit Humor und Losgelöstheit. Lachen erschüttert die Mauern aus Selbstüberschätzung und Selbstmitleid, welche die Angst um unser Herz baut.

Jedes Mal, wenn wir lachen,
erinnern wir uns daran, dass das Leben ein Spiel ist
und alle Anstrengungen
der Erfahrung und nicht dem Ergebnis dienen.

Das Lachen unterbricht das Geplapper des ängstlichen Verstandes, und in diesem Moment finden wir zurück zur uranfänglichen Einheit, sind ungeteilt und deshalb glücklich.

Im Lachen gibt es nichts weiter zu tun. Alles ist vollkommen, so wie es ist. Genauso fühlt das Herz - und liebt das Lachen als einen Boten Gottes.

180

Wie kann ich jetzt das Beharren auf der Wichtigkeit meiner Person, meiner Gefühle, meiner Umstände etwas lockern?

Wie wäre es, hier eine Haltung einzunehmen, die sowohl das Lachen, als auch die Absurdität der Welt und meiner Bemühungen mit einschließt?

Ist es möglich, dieser Angelegenheit spielerisch und mit einem Lächeln begegnen?

UNTERREDUNG

„Warum lachst du?"

„Warum nicht?"

Wer lacht?

Wer braucht einen Grund?

DAS BESTE

Das kleine Ich lebt in der Angst, dass das Leben ein Kampf ist, der am Ende verloren geht. Dabei liegt das Beste schon hinter ihm oder es hofft, dass es sich noch ereignet. Und da das kleine Ich nie in der Gegenwart lebt, trifft auch das Beste nie hier ein. Also kann es weiter davon träumen

In einer Haltung der Angst wachsen der Neid auf das Beste der anderen, Mauern, Langeweile und Misstrauen.

Sind wir im Herzgewahrsein zentriert, berühren wir die Unendlichkeit und leben in der Gewissheit, dass jederzeit das Beste für uns und andere geschieht. Wir wissen nicht, was das Beste ist, da das Mysterium immer jede unserer Vorstellungen übersteigt. Doch lassen wir uns überraschen und vertrauen der tieferen Weisheit der Unendlichkeit, die sich in jedem Moment offenbart.

Aus Vertrauen erwachsen Flexibilität, Neugier und Spontaneität.

Wie kann ich hier dem Ganzen dienen?

Welcher größere Zusammenhang offenbart sich jetzt?

AUSRICHTUNG

Das kleine Ich richtet sich immer auf die kleinen Dinge aus: auf Macht, Geld, Ansehen, Status Besitz, Wissen und den Kampf gegen Alter und Symptome. Es glaubt, sicher zu sein, wenn es viel besitzt. Das kleine Ich schachert um alles und ist doch den Wechselfällen des Lebens hilflos ausgeliefert.

Das Herz richtet sich auf das Wesentliche aus:
auf die Quelle hinter allen Erscheinungen.
Dabei genießt es die angenehmen Seiten des Lebens,
und es genießt auch alles andere,
weil es in allem das Eine erkennt.

Aus seiner Sicht gibt es keine Wechselfälle,
sondern nur den Strom der Erfahrungen.
Es kennt keine Vorlieben.
Das Herz begegnet allem in einer Haltung der Liebe.

Was ist hier wesentlich?

Wie kann ich hier Schönheit und Liebe sehen?

DEIN WILLE GESCHEHE

Wenn wir der Stimme der Liebe zuhören,
reift in uns ein tiefes Einverstandensein mit dem,
wie das Leben gerade ist.
Aus dem Einverstandensein erwächst das Vertrauen,
dass sich das Richtige zur richtigen Zeit entfaltet.
Wir entspannen uns,
weil wir unmittelbarer die Kraft wahrnehmen,
die uns mit allem versorgt, was nötig ist,
um Erfahrungen in einem menschlichen Körper zu machen.

Diese Kraft - der Heilige Geist - ruft jede unserer Zellen ins
Leben und erhält sie. Sie ist unendlich, allgegenwärtig,
vollkommen, es gibt nichts außer ihr . . . und gleichzeitig ist
sie völlig neutral. Nicht hell, nicht dunkel, nicht gut oder
böse, nicht fest und nicht flüchtig umfasst sie alle
Möglichkeiten und Dualitäten, ohne Vorlieben zu haben.

Wir können die Kraft nicht missbrauchen,
weil es nichts außerhalb von ihr gibt
und wir können uns ihr nicht verschließen,
weil es uns ohne sie nicht gibt.

Was lässt diese Blume erblühen? Wer heilt den Schnitt im
Finger? Was erschafft und zerstört? Was beginnt und
beendet? Es ist der Geist, der jenseits allen Verstehens
wirkt. In ihm entfaltet sich das Leben in Vollkommenheit
und das, was geschehen soll, geschieht, auch wenn es den
Vorstellungen und dem Wollen des Verstandes nicht
entspricht.

Das kleine Ich im Beharren auf seiner Wichtigkeit leugnet die Macht des heiligen Geistes und will immer mehr, um sich in seiner Verletzlichkeit zu schützen. Und je mehr es im außen an Sicherheit, Macht, Objekten und Kontrolle will, desto weniger kann es die Stimme des Herzens gebrauchen, die uns zuflüstert: „Lass das Wollen los und erkenne, dass du in diesem Moment bereits vollkommen bist. Sei still und wisse."

Je weniger wir wollen, desto weniger stehen wir dem Leben im Weg. Je freier sich dann das Leben durch uns ausdrückt, desto mehr offenbart sich, dass es das ist, was wir eigentlich immer gewollt haben.

Die Idee, dass es einen Willen außerhalb des einen Willen geben könnte, erweist sich letztlich als Illusion. Alles, was geschieht, ist unser Wille. Auch die Tatsache, dass uns das nicht immer bewusst ist.

Kann ich in der Stille des Herzens verweilen und in allem, was ist, den Willen des Einen sehen? Was geschieht?

Gibt es einen freien Willen? Wer will?

GUTE UND SCHLECHTE TAGE

Vertrauen bedeutet,
in der Gewissheit zu leben,
dass das, was heute gerade ist,
genau das ist, was wir brauchen.
Nicht, weil wir es gut oder schlecht finden,
sondern weil es ist.

Aus der Sicht des kleinen Ichs dreht sich alles um das Erleben von guten und das Vermeiden von schlechten

Tagen.

In der Wahrheit des Herzens
gibt es nur Erfahrungen
und die Wahl,
in welcher Haltung
wir diesen Erfahrungen begegnen.

Du bist gerade Olympiasiegerin geworden? Wunderbar.
Fühle die Freude, fühle sie so tief wie möglich. Sei Freude.
　　　　Deine Frau, hat dich heute Morgen verlassen?
Wunderbar. Fühle den Schmerz, fühle so tief wie möglich.
Sei Schmerz.

Alles gehört zum Rad des Lebens.
Unsere Aufgabe ist nicht,
darüber zu urteilen, was geschieht,
sondern es fühlend zu erfahren . . .
und weiterzugehen.

Beeinträchtigt diese Erfahrung mein Sein? Wirklich?

Wie kann ich aus meinen Bewertungen und Meinungen
heraus und zurück in das Gewahrsein der Gegenwart
finden?

UNTERREDUNG

„Das Leben ist ungerecht. Und immer werde ich von
anderen verletzt. Aber jetzt hau´ ich zurück!", jammert der
Verstand.

„Ich bin kein Richter. Es gibt nur ein Leben und du musst
eine Antwort auf die Frage finden, wie du es leben willst.

Niemand kann dieser Frage ausweichen, gleich wie die Umstände seines Lebens sind. Meine Antwort ist Liebe. Was ist deine?", erwidert das Herz.

Wer hadert?

Was will hier wachsen und erblühen?

ALLES ODER NICHTS

„Ich will mehr. Sofort! Von allem!!"
Das kleine Ich ist nie zufrieden, ständig auf der Suche und immer bedürftig. Und ganz selbstverständlich glaubt es, dass es einen Anspruch darauf hat, dass irgendjemand sich dieser Bedürftigkeit annimmt und sie stillt. Solange dies nicht geschieht – und es geschieht trotz aller Bemühungen nie – ist es wütend, traurig, hadert mit dem Leben, schmollt, rächt sich, vergeht vor Sehnsucht und bleibt einsam. Fragen wir das kleine Ich, was es will, schreit es: „Alles!".

Fragen wir das Herz, was es will,
lächelt es und antwortet: „Nichts."
Da es keine Trennung kennt,
ist es alles und hat alles.
Nichts fehlt.
Es fließt über und verschenkt sich.

Wenn wir unsere Bedürftigkeit immer wieder ins Herz nehmen – ohne sie zu verurteilen und ohne ihr nachzugeben – findet sie dort ihre einzig mögliche Erlösung.

Worin äußert sich hier meine Bedürftigkeit?

Kann ich sie jetzt in mein Herz nehmen – sie einfach spüren und sein lassen?

UNTERREDUNG

„Ich habe wieder nichts bekommen!", wütet das kleine Ich.

„Du hast wieder nichts gegeben", erklärt das Herz.

Wie kann ich jetzt das geben, was ich mir am meisten wünsche?

VERGEBUNG

Angst vergibt nie.

Das kleine Ich hält an jeder Schuld und den damit verbundenen Gefühlen fest, weil die Vorstellung von Tätern und Opfern die Illusion der Getrenntheit vertieft und weil die Geschichten der Vergangenheit helfen, die Wahrheit dieses Augenblicks zu verschleiern. Dabei macht es auch keinen Unterschied, ob das kleine Ich sich selbst oder einen anderen für den Schuldigen hält.

Das Herz kennt keine Schuld. Außerhalb des unterteilenden Denkens gibt es niemanden, der uns etwas angetan hat oder dem wir etwas angetan haben.

Wie könnte das eine Sein,
das alles umfasst,
Schuld an irgendetwas tragen?
Es ist und wirkt,

doch es bewertet und trennt nicht.

Das Herz kennt keine Schuld, doch es schenkt uns Vergebung: Vergebung bedeutet, die Vergangenheit, samt den Geschichten, die das kleine Ich darum erzählt, immer wieder loszulassen und in die Gegenwart zurückzukehren. Nicht mehr und auch nicht weniger.

Liebe ist nur jetzt.
Leben ist nur jetzt.
Und ohne Vergangenheit,
gibt es auch keine Schuld.

Indem wir ein Ereignis in unserem Herzen umarmen, das heißt, alle damit verbundenen Gefühle unzensiert, mitfühlend und urteilsfrei annehmen, bringen wir es in die heilende Gegenwart der Liebe. Dort lösen sich die Fesseln auf, die uns an dieses Ereignis und an die Urteile, die wir darüber gefällt haben, binden.

Wir werden frei für das Jetzt. Statt mit dem Wiederkäuen von Geschichten beschäftigt zu sein, erleben wir Hingabe, verantwortungsvolles Handeln und Gnade.

Vergebung folgt aus der Realisation, dass es nichts außerhalb des einen Seins gibt, das sich immer in Vollkommenheit entfaltet, auch wenn unser Denken diese Vollkommenheit in keiner Weise begreifen kann.

Dagegen versteht das kleine Ich Vergebung als ein Konzept, bei dem einer schuldig geworden ist und ein anderer, vielleicht sogar Gott, diese Schuld vergeben soll. Es beharrt auf seiner Sichtweise der Trennung und hält den Kreislauf von vergangener Schuld und zukünftiger Sühne in Gang. Daraus kann kein dauerhafter Friede entstehen, nur neue Schuld und tiefere Trennung.

Vergebung ist im Grunde nur uns selbst für uns selbst möglich, nicht gegenüber anderen oder durch andere. Wir vergeben uns, dass wir so mit den Geschichten des kleinen Ichs identifiziert waren und darüber das unverletzbare Sein aufgegeben haben. Wo immer wir uns die scheinbare Trennung vom Selbst vergeben, kehren Liebe, Mitgefühl und die Macht, jede Trennung aufzuheben, zurück.

Angst vergibt nie.
Uns selbst im Herzen zu vergeben,
heilt alle Angst.

Was geschieht, wenn ich diese Angelegenheit nicht länger aus dem Blickwinkel der Schuld betrachte? Was bleibt ohne diese Geschichte der Schuld?

Welchen Nutzen ziehe ich daraus, auf meiner oder irgendeiner Schuld zu bestehen?

Bin ich bereit, wirklich alle Gefühle die mit dieser Geschichte verbunden sind, jetzt voll und ganz zu fühlen?

Wo in meinem Körper fühle ich die Schuld? Welche wirklichen Gefühle liegen darunter?

**VERANTWORTUNG I:
DIE ANTWORT DES HERZENS**

Das kleine Ich übernimmt für nichts Verantwortung und kennt immer den Schuldigen. Da es nicht begreifen kann, dass seine Probleme und Ängste nur in seinem Denken existieren, sucht und findet es ständig im Außen einen, der verantwortlich ist für seine Misere.

Das Herz kennt keine Schuld
und übernimmt für jede Situation die Verantwortung,

indem es eine Antwort darauf gibt: Liebe.
Dabei lässt es keine Ausflucht und Halbherzigkeit zu.

Wenn wir ausnahmslos alles, was in unserem Leben geschieht, als etwas begreifen, dem wir aus dem Herzen heraus antworten müssen, lösen wir uns von dem Taktieren, Absichern und Schuldzuweisen des kleinen Ichs. Es kommt nicht länger darauf an, wer, wann, was, warum getan hat und wie wir es zurückzahlen und abrechnen können. Vielmehr treten Fragen in den Vordergrund wie: Welche Antwort bin ich bereit, hier zu geben? In welcher Haltung möchte ich den Vorkommnissen in meinem Leben begegnen? Was ist mir wirklich wichtig? Worauf richte ich mich aus?

In jedem Moment können wir unsere Kraft, Integrität und Authentizität nur dann leben, wenn wir vollständig die Verantwortung dafür übernehmen, jetzt in dieser Situation zu sein. Was immer geschehen ist, was immer andere getan haben, wie immer die Umstände sind: der nächste Schritt kann nur hier und jetzt erfolgen und das Wesentliche ist, ob wir in Groll, Selbstmitleid, Schuldzuweisungen und Rechthaberei verharren, oder dabei unserem Herzen folgen.

Indem wir vollständig die Verantwortung für eine Situation bei uns belassen, bleiben wir handlungsfähig. Wir tun, was zu tun ist und warten nicht darauf, bis andere Menschen und die Umstände sich unseren Vorstellungen gemäß ändern, was meist sowieso nicht geschieht.

Nehmen wir dagegen eine Situation nicht vollständig als die unsere an, öffnen wir ihr auch nicht unser Herz, ohne das sie sich nicht vollenden, heilen und wandeln kann.

Wege des Herzens
führen uns durch das Tor der Verantwortung.
Unter diesem Tor erreicht uns die Liebe.

Ist es möglich, hier eine Antwort aus dem Herzen zu geben?

*Was verändert sich, wenn ich die vollständige Verant-
wortung für diese Situation übernehme?*

VERANTWORTUNG II: DER WEDELNDE FLOH

Das kleine Ich ist süchtig nach Kontrolle. Es sieht sich als
den Lenker und Erschaffer seines Lebens und glaubt, dass
alle Angst und alles Leiden enden, sobald es ihm gelungen
ist, seine Kontrolle zu perfektionieren.

Diese Vorstellung hat nichts mit der Realität zu
tun. Es ist, als ob ein Floh auf dem Schwanz eines
Elefanten sitzt und glaubt, er – der Floh – bewege den
ganzen Schwanz, ja den ganzen Elefant. Um diese
Überzeugung aufrecht halten zu können, hat er sich darauf
trainiert, bei der geringsten Bewegung des Schwanzes
sofort laut zu rufen: „Ich! Ich! Ich habe diesen Schwanz
bewegt. Ich wollte, dass er nach oben geht."
Zuerst geschieht also einfach etwas, dann schreit
der Floh und nimmt es als seinen Verdienst in Anspruch.
Entsprechend steigt in unserem Bewusstsein ein Gedanke
auf und das kleine Ich schreit: „Ich! Ich! Ich habe diesen
Gedanken gehabt. Ich denke, also bin ich!"

Doch ist das wirklich so? Gibt es wirklich etwas,
das unsere Gedanken erzeugt? Ist da wirklich jemand, der
handelt? Jemand, der Kontrolle über das Leben ausübt und
„Ich" heißt? Und wenn es so wäre, warum sind dann das
kleine Ich und seine Welt immer so verloren und
unglücklich? Wäre es dann nicht ein Leichtes, sich eine
wunderbare neue Welt auszudenken und
zusammenzubasteln? Wedelt hier der Floh den Elefanten
oder der Elefant den Floh? Oder niemand irgendwas?

Schwierige Fragen, zumindest für den Floh. Wenigstens ist er real und sitzt auf dem Elefant. Doch ist das, was ständig: „Ich. Ich. Ich . . . !" schreit auch real oder ist es selbst nur ein Gedanke? Ist das kleine Ich so solide und kräftig wie ein Floh? Was geschieht, wenn wir es hinterfragen? Kann es im Lichte des Gewahrseins bestehen, oder löst es sich darin auf?

Und wenn das kleine Ich weniger Substanz hat als ein Floh, ist dann die Vorstellung, Kontrolle über das Leben ausüben zu können, nicht ebenso eine Illusion wie das kleine Ich selbst? Wo das Ich sich auflöst, bleibt das Sein, das in Vollkommenheit erblüht und in dem alles untrennbar mit allem verwoben ist: Unendlichkeit, die handelt, fühlt, denkt, Beziehungen eingeht, Häuser baut, Formen auflöst und neue erschafft und an sonnigen Tagen auf einem Balkon sitzt und Zeitung liest. Doch ist da niemand, kein persönliches kleines Ich, dem das alles widerfährt. Es geschieht einfach aus der Freude des Seins heraus, sich selbst zu erfahren und braucht niemanden, der das Erfahren bewertet.

In diesem Bewusstsein verwandelt sich Kontrolle in Verantwortung: Es gibt nichts außerhalb des einen Seins, wer sollte da wen kontrollieren? Das Sein und Tun von irgendjemand ist mein Sein und Tun. Und für mein Sein und Tun übernehme ich die ganze Verantwortung. Ich bin alles, was ist und alles, was ich erfahre, erfahre ich aufgrund meiner innersten Wahl. Ich bin Ursache und Wirkung, Licht und Schatten, innen und außen, alles und nichts.

„Wie schrecklich!", schaudert da das kleine Ich. „Wie einfach", freut sich das Herz.

Kann das kleine Ich für irgendetwas Verantwortung übernehmen?

192

Wiederhole ich hier das alte Spiel von Kontrolle und Schuld, von Täter und Opfer, oder übernehme ich Verantwortung für das, was ist?

VERANTWORTUNG III: DAS PARADOXON

Die Substanzlosigkeit des kleinen Ichs zu erkennen, bedeutet das Ende der Illusion der Getrenntheit. Im Angesicht der Wahrheit kann keine Grenze aufrecht gehalten werden und jede Grenze erweist sich ebenfalls als Illusion. Wenn das Eine sich offenbart, macht ein Konzept wie „Verantwortung" im Grunde keinen Sinn mehr. Wer sollte für irgendetwas Verantwortung übernehmen, wenn nichts außerhalb der Einheit existiert? Da ist niemand, der etwas verursacht. Leben geschieht, Formen entstehen und lösen sich wieder auf, doch die Essenz des Seins bleibt von allem unberührt.

Worin kann überhaupt der Sinn eines Konzeptes liegen, wenn die Wahrheit nur dort erscheint, wo sich alle Konzepte aufgelöst haben?

Andererseits: Solange wir im Angesicht des Todes leben, bleibt das an den Körper gebundene, individuierte Bewusstsein immer bis zu einem gewissen Grade aktiv. Es ist nicht möglich, das kleine Ich und die Welt, die es geschaffen hat, vollständig loszuwerden. Deshalb kann ein sinnvolles Leben nur darin bestehen, uneingeschränkt die Verantwortung für alle Gedanken, Empfindungen, Gefühle, Handlungen und Erfahrungen zu übernehmen, die mit diesem Körper verbunden sind.

Diese Haltung ermöglicht es, jedes Ereignis als Wirken der Liebe, oder zumindest als Befreiung von den Erwartungen und dem auf Sicherheit, Vorhersagbarkeit und Mittelmäßigkeit fixierten Denken des kleinen Ichs zu begreifen.

Denn dort,
wo wir etwas als bedingungslos
zu uns gehörig annehmen,
verschwindet der Widerstand dagegen
und es erweitert unser Sein.

Unsere Abwehr wandelt sich in Neugierde
und die Kontrolle weicht der Spontaneität.

*Ist es möglich, hier bedingungslos das anzunehmen, was
ist?*

*Wo in meinem Körper kann ich den Widerstand gegen
diesen Vorschlag spüren? Was genau empfinde ich?*
Welche Gefühle sind mit diesen Empfindungen verbunden?

*Ist es möglich, diesen Widerstand anzunehmen? Wie fühlt
sich das an?*

EINFACHHEIT

Nichts kann wirklich verstanden werden.

Das Sein, die wahre Natur unseres Wesens, das
Universum, Materie, Moleküle, Atome – alles bleibt
letztlich unerklärlich. Der Verstand kann es nicht fassen.
Verstrickt in seine eigenen Erklärungen, Theorien und
Widersprüche hält er das Leben deshalb für kompliziert.
Aus seiner Sicht ist es das.

In der Stille des Herzens
erscheint das Leben als ein unfassbares Wunder –
unerklärlich, schön, jederzeit vollkommen
und von eleganter Einfachheit.

In der Stille finden auch wir zurück zur Einfachheit. Beides gehört zusammen und das eine führt immer zum anderen. Still zu sein, macht alles einfach. Das Leben in allen Aspekten zu vereinfachen, öffnet für die Erfahrung der Stille als der Essenz unseres Wesens.

Angst ist verwirrt und verwirrend.

Liebe ist einfach.

Kann ich mich hier - aus der Stille heraus - dem Wesentlichen zuwenden?

Was ist das Einfache, das jetzt getan werden kann?

Was ist der nächste kleine Schritt?

DANKBARKEIT

Das kleine Ich ist dankbar, wenn etwas eintritt, das zu seinen Vorstellungen und Erwartungen von einem glücklichen Leben passt, oder ein scheinbares Unglück abwendet. Da jedoch nichts in der Welt des kleinen Ichs ihm dauerhaftes Glück verschaffen kann, ist seine Dankbarkeit flüchtig. Und das, was gestern ein Grund zur Dankbarkeit war, wird morgen zu einer Quelle von Sorgen und Enttäuschungen.

Das Herz erwartet nichts,
deshalb ist es glücklich.
Nichts kann diesem Glück
hinzugefügt oder genommen werden.
Da es nichts ausschließt oder abweist,
hat es alles.

Wenn wir unsere Jagd nach dem Glück in der Zukunft einstellen und uns dem Jetzt zuwenden, ist alles ein Grund, dankbar zu sein. Die Dankbarkeit gilt dann dem Wunder des Lebens selbst, das sich in uns, durch uns und um uns herum unablässig entfaltet.

Dankbarkeit ist,
wie die Freude,
eine Schwingung der Liebe
– zeitlos und ohne Gegenteil.

Sommermorgen im August. Ein liebevoller Anruf, ein schmerzendes Auge, Mitgefühl für einen Freund, dunkle Gedanken ziehen vorüber, draußen klettert eine kleine Maus an zarten Pflanzen empor und stürzt ab, der Briefträger geht in das Hinterhaus. Wunderbar. Was könnte jetzt je fehlen?

Kann ich dieser Situation in einer Haltung der Dankbarkeit begegnen?

≈

KEIN WEG, NIEMAND GEHT

ANREGUNG: NICHTS GLAUBEN

Es gibt nur eine Art, Wahrheit zu erkennen:
Sie muss im gegenwärtigen Feuer des Herzens bestehen.

Deshalb:

Stellen wir alles in Frage und glauben nichts.

Wie kann es endgültige Annahmen,
Erklärungen und Philosophien geben,
wo das Sein ohne Anfang und ohne Ende ist
und sich in diesem Augenblick
spontan aus dem Nichts manifestiert?
Alle Worte hinken der unmittelbaren Erfahrung
der Gegenwart hinterher.

Lassen wir also alle unsere Vorstellungen darüber,
wer wir sind und wie wir zu sein haben ziehen.
Nichts davon ist wahr.
Nichts davon wird je wahr sein.

Lassen wir auch alles los,
was wir von anderen Wesen
und der Welt glauben und erwarten.
Nichts davon ist wahr.
Nichts davon wird je wahr sein.

Allerdings:
Wollen wir herausfinden, was wahr ist und was falsch, dann
stellt uns das unweigerlich vor die Herausforderung, alle
Sicherheiten und Bequemlichkeiten des kleinen Ichs aufzugeben.

Und endlich, wenn wir weiter auf der Wahrheit
bestehen, gibt das kleine Ich uns auf.

Ist es das, was ich wirklich will?

UNTERREDUNG

„Was ist der Sinn des Lebens?"

„Aus den Illusionen der Angst auszubrechen und die Wahrheit zu erkennen."

„Was ist wahr?"

„Das was bleibt, wenn alles Festhalten an Glaube, Hoffnung, Meinungen, Vorstellungen und Erwartungen vorbei ist."

Ist dieser Gedanke wirklich wahr?

Wirklich und wahrhaftig?

NIEMAND SONST

Jedes
verlässt das Unbegrenzte auf seinem eigenen Weg.

Jedes
kehrt aus dem Begrenzten auf seinem eigenen Weg zurück.

Unteilbare Einheit, individueller Weg.

Jeder Weg erschafft sich nur durch das Begehen
und gestaltet sich entsprechend unserer Wahl
zwischen Angst und Liebe.

Kein Weg wird von zwei Menschen begangen.
Niemand sonst kann für oder durch uns gehen.

Jeder Weg verliert sich schließlich
in der Unermesslichkeit des Seins
und mit ihm der, der geht.

Welcher Weg?

Wer wählt?

SCHRITTE

Der letzte Schritt bringt den Wanderer an sein Ziel.
Waren deshalb die anderen Schritte vergebens?

Jeder Schritt zur Angst hin
ist ein Schritt weg von der Liebe.

Und

jeder Schritt zur Angst hin
ist auch ein Schritt durch sie hindurch
in die alles tragende Liebe.

Nichts ist verloren.
Kein Versagen ist möglich.

Da ist nur der nächste Schritt.

Ein kleiner Schritt . . .

jetzt.

Wie möchte ich gehen?

Wer geht?

WAS BLEIBT?

„Wenn es mich nicht gibt, gibt es dann wenigstens dich?",
fragt das kleine Ich.

„Ohne dich braucht mich nichts und niemand mehr",
antwortet das Herz.

„Was bleibt dann noch?"

„Gewahrsein."

Was ist ohne Anfang und ohne Ende?

UNTERREDUNG

„Wie geht es dir?"

„Ich fühle mich sonderbar in diesen Tagen. Denn oft kommt mir das Ich abhanden. Manchmal findet sich selbst das Mich nicht mehr. Und ohne Ich gibt es nur DICH und ohne mich ist ES. So geht es und mehr will nicht gesagt werden."

Wer fragt?

... OHNE ENDE

In
der
zeitraumlosen
Gegenwart
erkennt
sich
das
Sein.

Nur hier
        - an keinem anderen Ort.

Nur jetzt
        - zu keiner anderen Zeit.

?

!

KONTAKT

Besuchen Sie die Internet-Seite von
Ralf u. Elke Hanke:

www.herzwege.de